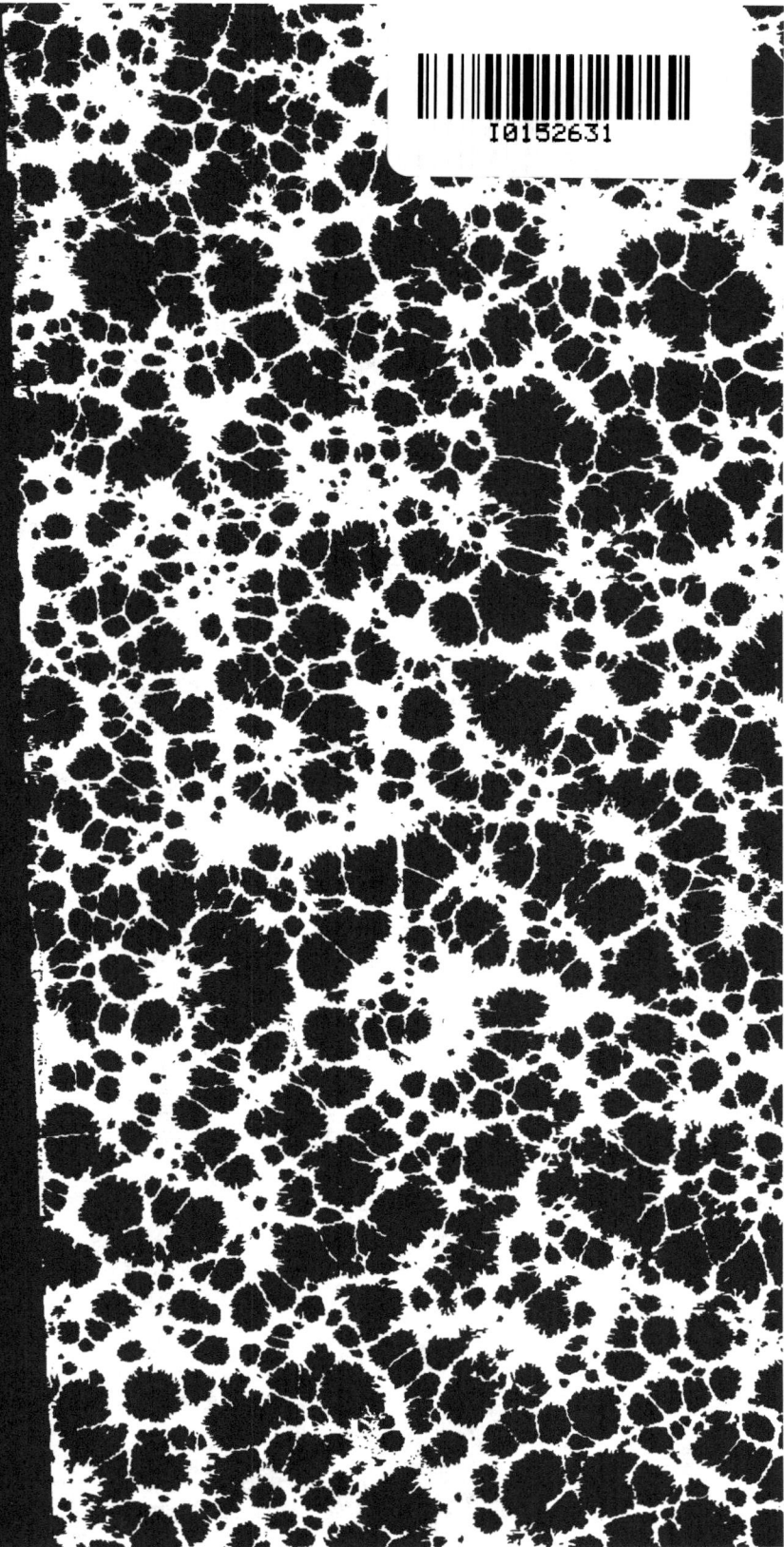

DICTIONNAIRE

DU

PATOIS DE LILLE

ET DE SES ENVIRONS,

Par M. Pierre Legrand.

Nescio quâ natale solum dulcedine cunctos
ducit, et immemores non sinit esse suos.
(Ovid.)

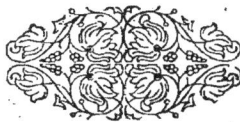

LILLE,
IMPRIMERIE DE L. DANEL.
1853.

DICTIONNAIRE

DU PATOIS DE LILLE

ET DE SES ENVIRONS.

DICTIONNAIRE

DU

PATOIS DE LILLE

ET DE SES ENVIRONS,

Par M. Pierre Legrand.

Nescio quâ natale solum dulcedine cunctos
ducit, et immemores non sinit esse suos

(Ovid.)

LILLE,

IMPRIMERIE DE L. DANEL.

1853.

Dans son examen critique des dictionnaires, M. Charles Nodier demande si le dictionnaire concordant des patois d'une langue ne serait pas un des plus beaux monuments qu'on pût élever à la lexicologie.

Loin de moi la prétention de chercher à réaliser complètement le vœu de l'illustre philologue.

L'œuvre serait au-dessus de mes forces.

Mais, pour que l'architecte, encore inconnu, puisse élever ce noble édifice, il faut que chaque patois local lui apporte sa pierre, et j'ai voulu, tout simplement, obscur pionnier, fouiller dans mes souvenirs de Lillois, pour rassembler quelques matériaux.

Déjà M. Desrousseaux, chansonnier lillois, avait jugé utile de faire précéder son intéressant recueil d'une notice grammaticale sur l'orthographe du patois de Lille, et d'un petit vocabulaire pour l'intelligence du texte.

Je ne regrette qu'une chose, c'est que le poéte populaire n'ait point étendu davantage ce dernier travail, qu'il ait borné ses définitions aux mots patois employés par lui dans ses chansons éditées ; mieux que personne il était en fonds pour fournir de précieux renseignements.

Un mot sur l'origine du patois de Lille.

Quel que soit mon désir d'illustrer le dialecte natal, il ne me paraît pas possible d'admettre l'opinion de M. Derode, qui le fait découler d'une source particulière.

Les patois dérivent de la langue primitive, comme les rameaux d'un même tronc, et ce tronc commun, c'est la vieille langue française de laquelle, ainsi que nous aurons occasion de le faire remarquer par de nombreux exemples, notre patois diffère très-peu.

Quand Jules-César pénétra dans les Gaules, il y trouva, comme dialectes, au midi l'Aquitain, au nord le Belge et le Celte, dérivés de la langue mystérieuse des Gaulois ; l'occupation romaine modifia profondément l'idiome primitif, à ce point que déjà, au Ve siècle, la langue des vainqueurs avait presque complètement absorbé celle des vaincus ; vint ensuite l'invasion des hordes germaines qui, dépourvues de l'ascendant que la civilisation romaine et le christianisme avaient donné à la langue latine, ne purent faire triompher partout, comme aux bords du Rhin, le langage tudesque. Lorsque le flot se retira de notre pays du nord, il ne resta sur la plage que quelques flaques où germa le flamand.

Enfin, au VIIe siècle, commença de s'opérer, entre le gallo-romain et le germain, ce travail de fusion qui produisit le roman, d'où devait sortir la langue française.

Pendant que ce mouvement s'accomplissait dans les grands centres intellectuels, il était suivi dans les provinces, mais de loin, mais avec des modifications amenées par mille causes locales.

Une fois émancipée, la langue française, pratiquée par les seigneurs de la cour et de la ville , cédant aux caprices de la prononciation à la mode , mêlée aux alliances étrangères , se pliant aux tyrannies des grammairiens , domptée par des plumes d'élite , s'est insensiblement écartée de son point de départ ; le patois, au contraire , qui se glorifie de son étymologie — *ab atavis* — venant des aïeux , le patois, parlé par le peuple ouvrier et campagnard , s'est moins détourné de son berceau ; il s'est conservé plus fidèlement.

Il en a été du langage, pour le peuple, comme du vêtement, auquel il reste si attaché ; ajoutons , comme du patriotisme , comme de la religion , comme de toutes les nobles traditions dont le foyer ne s'éteint jamais dans son cœur.

Aussi , bien que les divers dialectes du nord de la France soient également formés de mots fondamentaux —reliquats celtiques , latins et tudesques — ne devons-nous pas nous étonner des variétés qu'ils offrent entr'eux, et surtout avec la langue-mère.

Tel est notre patois de Lille. Ce n'est ni le rouchi , ni le wallon ni le picard , idiomes voisins , ses frères en langue d'oil, c'est encore moins la langue française.

Une circonstance particulière doit avoir contribué à *individualiser* notre patois, j'oserai dire à le relever ; il a rencontré un poète, et un poète chanteur. C'est une double chance d'immortalité.

> Les vers sont enfants de la lyre ,
> Il faut les chanter , non les lire.

C'est ce qu'a pensé François Decottignies, plus connu sous le nom de *Brûle-Maison*.

Il est peut-être utile de dire ici, pour les personnes qui ne sont pas de Lille, que François Decottignies, trouvère et jongleur, exerçait son industrie de chanteur et de *feseur de tours* sur les marchés de Lille, et qu'il doit son sobriquet de *Brûle-Maison* à l'habitude qu'il avait de brûler un petit château de cartes dont la flamme, aperçue de loin, attirait autour de lui un grand concours de chalands.

Brûle-Maison, né en 1679, est mort en 1740.

Ce poète, — il mérite ce nom, — a compris tout ce qu'il y avait de verve gauloise, d'ironie malicieuse sous ce masque placide de l'ouvrier lillois, tout ce qu'il y avait de ressources, pour le vers mordant et satyrique, dans son langage cru et décolleté.

Brûle-Maison a profité d'une de ces inimitiés de voisinage, autrefois plus fréquentes qu'aujourd'hui, entre les diverses localités d'un même pays, pour aiguiser ses refrains contre l'excellente ville de Tourcoing.

Jamais Athénien, jetant à poignées le sel de son terroir sur les infortunés Béotiens, jamais le Dijonnais Piron, coupant les vivres aux Beaunois qui le poursuivaient, en abattant du tranchant de sa canne les chardons du chemin, ne se montra plus acharné, plus persévérant dans sa rancune que ne le fut Brûle-Maison à l'égard de nos voisins.

Tourcoing, hâtons-nous de le dire, n'était point alors cette riche, honnête et industrieuse cité que l'on pourrait présenter comme modèle; c'était une façon de chef-lieu villageois, dans lequel Brûle-Maison paraît avoir concentré l'antipathie qui, à cette époque, existait entre les citadins et les paysans; ces derniers toujours représentés comme des types de crédulité et de bêtise, en même temps que de suffisance.

Le Tourquennois qui avale une araignée, celui qui croit que son baudet a bu la lune, celui qui, pour avoir des carpes, en a semé les croques, la pasquille entre une Tourquennoise et un savetier de Lille, le Flamand mis en cage, l'histoire en prose de M. Herreng et de Pierre-Joseph Delbassedeule, sont de petits chefs-d'œuvre.

Brûle-Maison n'a pas épargné ses compatriotes; ses chansons sur *les Buveuses de café*, sur *les Blasés*, sur *les Fourberies des Cabaretiers*, témoignent de son esprit d'observation et de son courage à cingler les vices et les ridicules.

Comme Taconnet, l'acteur qui excellait dans les savetiers, et de qui l'on disait qu'il serait déplacé dans un cordonnier, Brûle-Maison devenait détestable toutes les fois que, sortant du genre grivois, il voulait élever un peu son vol à la suite des œuvres de Collé et de Pannard, qui arrivaient jusqu'à lui. Ses coq-à-l'âne ne supportent pas la lecture, et il suffit de citer les deux premiers vers de la chanson sur la maladie qu'il a faite à Douai, pour faire juger la pièce tout entière :

> Que Douai est de conséquence,
> Un chacun le trouve joli.

J'adresserai le même reproche aux poètes de l'école de Brûle-Maison, qui empruntent le patois de Lille pour composer des romances sentimentales ou des couplets à pointes de vaudeville ; non pas que je veuille dire qu'ils forcent leur talent en agissant ainsi, mais je soutiens qu'ils faussent l'instrument sur lequel ils chantent. Il ne faut pas séparer le fond goguenard et narquois du Lillois, de la forme rabelaisienne de son patois.

Quoi qu'il en soit, Brûle-Maison a exercé une grande influence sur notre patois, pour lequel, sans tracer de règles précises, il a établi, par ses chansons, une sorte de poétique conservatrice.

Son recueil, continué par son fils, Jacques Decottignies, auteur des vers naïfs sur les conquêtes de Louis XV en Flandres, s'est grossi chaque année des œuvres de collaborateurs anonymes.

Indépendamment de ces pièces imprimées, il en existe d'autres, d'une bouffonnerie admirable, qui sont confiées, comme les rapsodies antiques, à la mémoire des conteurs. Je citerai notamment le *Carrousel dans un grenier, la Statue de Saint-Christophe, le Lillois sorcier.*

Encore aujourd'hui, le peuple, fidèle au culte du chansonnier sorti de son sein, consacre d'habitude, par des pasquilles rimées, les souvenirs drolatiques de la ville et du foyer.

C'est surtout en temps de carnaval que la verve du poète populaire s'aiguise et se déploie. Une chanson en patois est composée sur un des événements de l'année qui ont le plus impressionné la population ; elle est imprimée aux frais d'une société, et, le mardi-gras, chantée du haut d'un char par cinquante voix criant sur tous les tons et sous tous les costumes, avec accompagnement obligé de grosse caisse, elle est vendue par milliers aux ouvriers dont elle défraie la gaîté jusqu'au carnaval suivant.

Comment veut-on que le patois se perde avec ces éléments reproducteurs ?

Malheureusement, ces chansons, sans être obscènes, ne se distinguent point toujours par la finesse de leur atticisme.

De tous les événements passés, celui qui prête le plus à l'équivoque grivoise sera le premier choisi.

Je n'irai pas chercher bien loin ma démonstration.

Je prends pour exemple le carnaval de 1853.

Savez-vous quel est le sujet qui a inspiré le chansonnier ?

L'arrêté municipal qui prescrit l'établissement des appareils aux-quels M. de Rambuteau a laissé son nom. (1)

Que voulez-vous !

Le peuple, dont nous rappelons le langage naïf, a les défauts de ses qualités ;

S'il est franc dans la pensée, il est cru dans l'expression.

> Le Français, dans les mots, veut être respecté,
> Mais le patois lillois brave l'honnêteté.

J'ai besoin d'insister sur ce point pour me faire pardonner, à l'avance, le ton libre, brusque et assez peu parlementaire des citations que j'aurai l'occasion de produire, à l'appui de mes définitions.

Le dictionnaire que je présente est loin d'être complet. Une foule de mots, surtout parmi ceux qui sont spéciaux à certaines professions, a dû échapper à mon attention et à ma science. J'ai écarté volon-tairement ceux qui, d'origine et d'application françaises, n'avaient du patois que la prononciation. A ce compte, il faudrait faire entrer Napoléon Landais tout entier dans le vocabulaire lillois. Je n'ai pas voulu donner droit de cité dans notre patois à cet affreux argot de Paris, que rapportent quelques ouvriers de leur tour de France. En revanche, j'ai peut-être été trop loin dans mes admissions, j'ai

---

(1) Chanson nouvelle, en patois de Lille, chantée par la Société des Amis Réunis, à Saint-Amand.

peut-être laissé entrer sans passeport en règle des expressions qui ,
pour être de la langue d'oïl , ne sont pas précisément écloses dans
l'îlôt de la cour Gilson ; cela est possible.

Il y a des critiques plus graves que j'attends , sans trop m'en
effrayer ; ce sont celles qui porteront sur les définitions. J'ai mon
excuse dans la difficulté même du sujet : *omnis definitio periculosa.*
J'ai aussi ma consolation d'amour-propre dans la faillibilité prover-
biale des grammairiens. Quant aux étymologies , malgré l'ampleur du
privilége qui , au moyen des apocopes , des contractions , des syn-
copes , des transpositions et substitutions de lettres , permet de faire
incontestablement dériver *alfane* d'*equus* (1) ; j'ai cru devoir à cet
égard réfréner mon imagination.

D'ailleurs , ainsi que je l'ai dit plus haut , je n'ai aucune prétention philologique. J'ai été frappé de la rapidité avec laquelle dis-
paraissaient chaque jour tant de mots de notre idiome, et j'ai cherché
à en préserver quelques-uns de l'oubli. Je ne suis pas le peintre qui,
en reportant sur une toile savante un édifice ancien , lui donnera une
nouvelle vie ; tout au plus suis-je le manœuvre qui , en fixant sur une
plaque , à l'aide du daguerréotype , des objets près de s'effacer à
jamais, prolonge un instant leur existence. Un autre , sur les moins
mauvaises de mes épreuves, reconstruira le passé.

---

(1) *Alfane* vient d'*Equus* , sans doute ,
　　Mais il faut avouer aussi
　　Qu'en venant de là jusqu'ici ,
　　Il a bien changé sur sa route.

Enfin, quoi qu'il arrive, ce qui dominera toujours pour moi dans mon travail, c'est le bonheur que j'ai goûté à remuer mes souvenirs d'enfance, c'est la joie d'avoir pu rencontrer une occasion nouvelle de m'occuper de l'histoire d'une ville qui m'est chère à plus d'un titre.

Juillet 1853.

ESSAI

SUR LA PRONONCIATION LILLOISE.

ESSAI

SUR LA PRONONCIATION LILLOISE.

A

Cette lettre, qui se prononce très-ouverte à la fin des syllabes et des mots, comme dans *la*, *papa*, *embarras*, prend le son de l'*e* quand elle est suivie de l'*r*. On dit : *lerd*, *lierd*, *pater*, *craine* pour *lard*, *liard*, *patar*, *crâne*.

On dit aussi : *plenures*, *esplenate*.

On peut du reste faire remarquer ici, comme règle générale, que le patois de Lille est fort sobre de l'accent circonflèxe ; il prononce *patte*, *cremme*, *conne* pour *pâte*, *crême*, *cône*.

Il ne connaît pas davantage les lettres mouillées : *portail*, *eventail*, *médaille* font pour lui *portal*, *évental*, *médale*.

A s'élide dans les articles et pronoms féminins : *t'femme*, *s'mère*, *m'sœur*.

B

B sonne devant toutes les voyelles.

C

C initial se prononce *k* devant *a*, *o*, *u* : *capon*, *comédie*, *culotte*. Même prononciation, quand il est immédiatement suivi de *h*, dans

charpentier, charbon. Ce son dur, substitué au son plus doux *ch*, est, suivant M. Fallot, un signe de l'influence flamande.

C conserve le son de *k* dans *chemin*, *chemise*, *chien* dont le patois fait *kemin*, *kemise*, *kien*, et aussi dans *mouche* qu'on prononce *mouke.*

Il faut convenir que cette prononciation se rapproche beaucoup plus des origines *caminus*, *camisa*, *canis*, *musca*, et même du français primitif. Il est curieux de montrer ici, par un exemple, la ressemblance frappante qui existe entre notre patois et le vieux langage de nos pères. Je lis dans la farce de Pathelin les vers suivants :

> Qu'est-ce qui s'attaque
> A men cul ? est-ce une vaque ,
> Une mousque , ou un escarbot?

Ne les croirait-on pas extraits d'une pasquille de Brûle-Maison ?

On dit cependant assez souvent — mais ce sont les beaux parleurs qui s'expriment ainsi — *sercher* pour *chercher*, *sarger* pour *charger*, *sanger* pour *changer.*

Peut-on s'étonner de ces bizarreries de langage , quand les gens qui disent fréquemment, *caqse* pour *casque*, ne peuvent s'habituer à dire *fire* au lieu de *fisque?*

C se prononce *ch* devant les voyelles *e* et *i* : *plachette* pour *placette*, *ichi* pour *ici*, *cheïle* pour *celle.*

C'est encore , dit M. Fallot, un indice du flamand.

D

D, suivi d'un *e* muet, prend le son du *t* : *limonate, salate, malate.*

E

E est la voyelle la plus caractéristique de l'accent lillois. La façon dont il prononce les *é* fait reconnaître l'indigène *pur-sang* sous toutes les latitudes.

Il ne dit pas *bonté*, *café*, ainsi que l'enseigne M. Lhomond, mais *bontaye*, *cafaye* ; et cette prononciation s'applique à toutes les dési-nences en *é*.

Ici encore les patientes recherches des érudits sont venues justifier le patois de Lille. La modification de la prononciation de l'*é* par l'apposition de l'*i* remonte aux premiers temps de la langue fran-çaise. On terminait par *ei* les adjectifs et les participes passés, comme *rachetei*, *supplantei*, et les substantifs féminins comme *virginitei*, *nativitei*.

Au commencement et au milieu des mots, *e* se prononce comme s'il était suivi de *u* : *peure*, *meure*, pour *père*, *mère* ; à telle enseigne que dans une chanson populaire, *mère* rime avec *cœur* :

Viv'nt les saints sauveurs, ma meure,
A l'batall' y z'ont du cœur.

E suivi de *m* ou de *n* se prononce presqu'invariablement *in* : *im-barras*, *infants*, pour *embarras*, *enfants*.

E se change en *i* dans *bateau*, *château*, *chapeau*, dont on fait *batiau*, *catiau*, *capiau*.

Suivi de *u*, il fait *on* : *jone homme* pour *jeune homme*.

Il se prononce *iè* dans *fête*, *tête*, *bête*, *belle*, etc. : *fiête*, *tiête*, etc.

Enfin il s'élide fréquemment, surtout dans les articles et les pro-noms : *l's infants*, *m's amis*.

Cette élision n'est qu'une réminiscence de l'ancien français, où on l'employait très-fréquemment pour éviter l'hiatus.

F

F remplace le *V* presque partout au milieu et à la fin des mots : *veufe*, *brafe*, *cafe*, pour *veuve*, *brave*, *cave*.

G

G a retenu l'aspiration gutturale du flamand dans *gaufres*, *anguilles*, *aiguilles*, qu'on prononce *waufes*, *anwilles*, *aiwilles*.

Il s'adoucit à la fin des mots *déluge*, *ouvrage*, *éponge*, pour faire *déluche*, *ouvrache*, *éponche*. Quand on ne dit pas : une *éponche*, on dit : une *ponge*.

C'est ici le lieu peut-être de signaler un idiotisme de langage fort remarquable. Quand le Lillois, pour le besoin de la conversation, forge des mots, il les termine en *age*, qu'il prononce toujours *ache*. A quelqu'un qui l'importunerait, en lui parlant de n'importe quel sujet : *noce*, *travail*, *musique*, il répondra qu'il s'inquiète peu de tout ce *noçage*, *travaillage* ou *musicage*.

De même que dans l'ancien français, *gn* sonne *n* : sur la *montane*, à ma *campane*.

Gle se prononce *gue*, *ongue* pour *ongle*, *aveugue* pour *aveugle*. C'est une conséquence de la suppression des liquides remarquée chez les anciens auteurs. *Gue*, terminant un mot, se prononce *gue* : *baque* pour *bague*

Ge, quand il ne s'adoucit pas en *ch*, sonne dur comme *que : vet! j'plonque*....

> *Plonquer s'quenne au réduit.* (B.-M.)

H

H ne s'aspire jamais : *un sapeur aveu s' n hache. D' z harengs et d' z haricots.*

I

I remplace *e* dans presque tous les mots en *em* et *en*. Un *infant ennuyeux, imbétant.* On dit *mi, ti, li*, pour *moi, toi, lui.*

J

J prend le son dur du *g* dans *jardin, jarretière, jambon*, qui font *gardin, guertier, gambon.*

K

Voir C.

L

L isolée sonne en patois comme en français; redoublée, elle ne se mouille jamais. On dit aujourd'hui, comme au XIVe siècle : *mervelle, consel;* ce dernier mot se rapproche plus de *consilium* que *conseil.* On prononce *famile, andoule, patroule, bouli, feule.* Cette règle n'a pas d'exception.

La lettre *l* est fréquemment transposée On dit une *blouque* pour une *boucle*. La déclinaison célèbre :

Deblouque memæ,
Deblouque memarum.

prouve que cette transposition est ancienne. Ici le patois et l'ancien français ne seraient pas d'accord avec l'étymologie qui fait dériver *boucle* de *fibula*.

On dit aussi *Inguelterre* pour *Angleterre*, *tabelier* pour *tablier*.

Souvent *l* disparaît : *ble* se prononce *be* : un *homme capabe*; *c'est abominabe*. A son tour le *b* s'efface dans *diable* qui fait *diale*; *bl* dans certains mots se métamorphose complètement; ainsi, pour *semble* et ses similaires, on prononce *senne*.

Y a longtemps à chou qu'ça me senne,
Qu' nous n'avons point été ensenne.

L a la même influence de décomposition après d'autres consonnes. On voit fréquemment *étranner*, *tranner*, pour *étrangler*, *trembler*.

On comprend la difficulté, pour ne pas dire l'impossibilité, de tracer des règles grammaticales au milieu d'une pareille confusion. L'oreille seule et l'habitude peuvent sûrement guider l'observateur.

L s'emploie aussi euphoniquement : *Regardez là bas l-au bout*, *cell' là-l-qui vient*.

M

M. Prononciation ordinaire.

N

N. Prononciation ordinaire. Euphonique comme chez les Parisiens, pour adoucir certaines liaisons ; mais cet emploi de l'*n* est assez rare.

Les femm's de courette
Y n'en fetent aussi
(**B.-M.** — Buveuses de café).

O

O, surtout suivi de *n*, se prononce comme s'il était précédé d'un *e*. *Alleons! un bateon, un'cancheon, m'capcote; j'sus d'keau; eh ! souleot!*

Les pronoms possessifs *mon*, *ton*, *son*, se prononcent *min*, *tin*, *sin*. Souvent *o* disparaît dans ces mêmes pronoms par l'effet d'une élision très-commune. *m'n ami*, *t'n onque*. Signalons à ce propos cette autre locution lilloise: *Vo min peur, sin mon onque.*

Oi, *ou* conservent parfois le son de l'*o*. *Ro bot*, *co* pour *coup*.

P

P conserve le son ordinaire.

Q

Q précédant *u*, a le son du *c* dur ou *k*.

Il ne se fait pas sentir à la fin de *coq*, on prononce *co*, ainsi qu'on le prononçait dans l'ancien français, comme le prouve le mot *codinde*.

Qu s'emploie euphoniquement ;

Que de fables qu'on conte à Lille ! (**B.-M.**)

plus souvent après la conjonction *quand* :

Quand qu'on est si bien ensemble,
Poudro-t-on jamais se quitter.
(Chœur de la Maison isolée.)

On connaît le mot du filtier invitant, un jour de Broquelet, sa sœur à monter en fiacre avec la famille : *Arrive, Monique, nous n'somm's qu'à qu'onze.*

Pareil scrupule euphonique existe dans le patois du Pas-de-Calais.

Comme, à la réunion des États généraux, on appelait les députés du Bailliage de Pernes, un seul se présenta. « Et vos collègues, dit l'huissier ? Monsieur, répondit le député, *nous ne sommes qu'à qu'un.* »

R

A la différence du français d'autrefois qui écrivait *arbre* et *marbre*, par respect pour l'étymologie, en prononçant *mabre* et *abre* — prononciation vicieuse qui a nous a laissé *candelabre* au lieu de *candelarbre*—le Lillois écrit tout à la fois, et parle de cette dernière façon : *une fille mabrée, un abre à prones.*

R disparaît aussi dans *mécredi.*

Toutes les transpositions de l'*r* n'ont pas été heureuses. En disant *broder,* pour *border* (garnir le bord), *fromage,* pour *formage* (venant d'une forme), le beau langage a détourné ces deux mots de leur sens étymologique.

Malgré le bon français, le Lillois persiste avec raison à dire *pauver monde, pauverte,* pour *pauvre monde* et *pauvreté ; pauper, paupertas.* S'il dit *pernez* pour *prenez,* il y est autorisé par ce vers de la chanson de Roland :

Pernez mil francs de France notre terre.

Et le Français qui dit une *brebis* et un *berger* peut-il décemment reprocher au Lillois de dire une *berbis* et un *bregier,* quand la racine commune *vervex* les constitue également en faute?

Il faut laisser au patois lillois cette transposition spéciale qui lui fait prononcer *ercevoir* pour *recevoir*, *erclamer* pour *reclamer*, et l'oblitération complète de l'*r* dans *registe*, *ma·te*, *pupite*, *papier a lette*.

S

S, même isolée, a toujours la prononciation douce. Une *voleusse*, une *menteusse*.

Entre deux voyelles, plutôt que de prendre le son dur du *z*, elle se prononce comme le *j* : *prijeon* pour *prison*; *rojin* pour *raisin*, *majeon* pour *maison*, *nogette* pour *noisette*. C'est un *ojeau pou' l'cat*, dit-on d'un homme *croqué*, qui a un pied dans la tombe.

S, doublée, a le son du *ch* doux : *picher*, *glicher* pour *pisser*, *glisser*.

T

T n'offre rien de remarquable dans la prononciation.

U

U a fréquemment le son d'*eu* ; *eun' femme*, *des leunettes*, *un' leumerotte*, *alleumer s' pipe*.

U pour *où*, *ubi*.

U, conjonction, pour *ou*, *aut*, se retrouve dans les lois de Guillaume-le-Conquérant, monument du XI.e siècle :

Et si alqueus u queus u prévost,
Et si quelqu'un ou comte ou prévost.

Ajoutons, pour justifier surabondamment l'impossibilité de donner une règle précise de prononciation lilloise, que *feu* se prononce *fu* , et *peu, pau; gross' tiet', pau de sens.*

V

Voir F.

W

W a le son ordinaire ; il se rapproche du *v* dans les mots du vrai patois de Lille.

X

X, au commencement d'un mot, se prononce comme s'il était précédé de *e* : *Exavier* pour *Xavier.*

Il a le son de l's dans *exterminer , excuser.* Il se décompose plus souvent en *cz* qu'en *cs.*

On dira notamment *Aleczandre :* on dit aussi : *prix fisque.*

Y Z

Ces deux lettres se prononcent comme en français.

Z est parfois employée comme lettre euphonique. *Courir à-z-œués,* cherber des œufs , les yeux bandés ; *aller à-z-œués ,* sauter rapide-ment à la corde ; ce qu'on appelle à Paris faire du papier mâché.

Je ne terminerai pas cet essai de grammaire lilloise sans présenter quelques observations générales.

Le patois de Lille allonge volontiers certains mots. Ainsi il ajoute inutilement la syllabe *de* dans *démépriser, se délamenter, dégriffer, debout , un de sé quoi, la demoitié*, etc.

Il a aussi l'habitude de faire précéder le substantif de l'adjectif qualificatif : du *blanc-fier, le Bleu-Tôt , des courtes maronnes* , etc.

Il a conservé, dans ses conjugaisons , la vieille forme latine. *Habemus, habetis, habent* se retrouvent dans l'imparfait : *Nous avimes, vous avites, ils avottent.*

Il m'en coûte de signaler un défaut de logique, à propos de la manière dont il conjugue certains autres verbes.

Je comprends bien que , dans sa naïveté , le patois dise : nous *faisons* , vous *faisez*, ils *faitent* , au lieu de *nous faisons, vous faites, ils font ;* mais je m'étonne qu'à l'occasion du verbe *mettre* , aussi de la quatrième conjugaison , au lieu de : *nous mettons, vous mettez, ils mettent* , le Lillois s'obstine à dire : *nous mettons , vous mettez , ils mont.*

« *M. le président , MM. les avoués* MONT *leurs robes* , » disait , en pleine audience, un brave huissier, interpellé par le tribunal à propos de l'absence de ces officiers ministériels.

Rappellerai-je le mot devenu fameux d'un honorable commandant des sapeurs-pompiers, disant à un inspecteur, pour s'excuser du mauvais état des tuyaux de cuir : *Mon général, les rats s'y* MONT?

Le Lillois dit aussi : *je l'ai sui, je l'ai poursui , pour je l'ai suivi, je l'ai poursuivi.*

Dans les verbes pronominaux , il use plus souvent de l'auxiliaire *avoir* que de l'auxiliaire *être.* Ainsi il dira : *Nous s'avons trouvé ensemble ; il s'a rendu malade ; je m'ai ennuyé.*

L'examen des vieux dictons lillois m'a fait retrouver un exemple nouveau et bien frappant de l'analogie qui existe entre notre patois et l'ancien français.

On sait que dans le langage de nos pères, le subjonctif prenait la terminaison *ge.*

> Suffre que jo i alge.
> *Souffre que j'y aille.*
>
> (Les Rois.)

> Mielz est que sul moerge.
> *Mieux vaut que je meure seul.*
>
> (Chanson de Roland.)

Eh bien ! si l'on veut se rappeler que le Lillois prononce *ge* comme *che*, on a ce même subjonctif dans ces locutions : *il faut qu'il l'euche ; qu' nous l'ayonche ; qu'il y vache ;* et surtout dans ce proverbe que je copie dans le recueil de Brûle-Maison :

Il est de l' rache des poux, y faut l' tuer pour qui MEURCHE.

Ce *meurche*, n'est il pas le *moerge* de la chanson de Roland ?

———

DICTIONNAIRE

DU PATOIS DE LILLE.

DICTIONNAIRE.

A

ABANIER (s'), v. p. s'amuser, se divertir.

ABOUT, subst. masc. limite; basse latinité *butum*.

ABUSER (s'), v. p. se méprendre.

ACATER, verb. act. acheter ; *acaptare*, *adcaptare*.

ACCLAMASSES, s. f. p. (faire des), pousser de grandes exclamations.

ACCRAVENTER (s'), verb. pron. du latin *aggravare*, s'ereinter, être accablé; se trouve dans Rabelais.

ACOUT, s. m. (donner de l'), prêter l'oreille à quelqu'un ; d'acouter, *auscultare*.

ADRESSER, v. p. réussir.

> Si ne faut qu'un co pour adercher,
> Un n' doit mi se désespérer.
> (B. M. Ronde des filtiers.)

AFFIQUET, s. m., petit instrument que les femmes portent à la ceinture pour soutenir leurs aiguilles quand elles tricotent.

AFFLIGÉ, adj. estropié, infirme.

AFFRONTÉE, adj. effrontée, se dit d'une femme audacieuse, hardie.

> Je t'entens à le première fois,
> Affrontée et losarde,
> Qui n'y a de le moutarde.
> (Brûle-Maison, chanson de Marianne.)

Affubler , v. a. mettre¹, couvrir, d'*affibulare*, agrafer, d'où affubler ;
d'*affibulare* vient *fibula* , d'où *boucle*, par apocope.

Affuté , adj. futé, toujours à l'affût; malin.

Affutiau , s. m. bagatelle.

Agache , s. f. pie; *Agace ;* il y a à Lille une rue *des Sept-Agaches* ,
qui doit son nom à une ancienne enseigne. Les enfants appellent
pied-d'agache le jeu de la marelle où l'on pousse un palet à cloche-
pied.

> Ce qu'en fait de babil y savait notre Agace.
>
> (Laf. , liv. XII , f. 11.)

Agés , s. m. p. connaître les agés d'une maison , connaître sa distribution intérieure , du latin *aggestus*.

Agobiles , s. m. p. menus objets de ménage.

Agrippin . s. m. petit crochet qui agrafe à l'aide d'une ouverture appelée portelette.

Agroulier , v. a. prendre, saisir.

Ainsin , adv. ainsi.

Ajolié , adj. enjolivé, on dit aussi ajouillé.

> Aveuque un enfant baptême ,
> Qui étoit tout ajouillé.
>
> (B.-M., chanson du Grand-Baptême.)

Aloteux , adj. aleauteux (Roquefort) qui manque à sa parole.

Alou , s. f. alouette , du celtique *alauda*.

> Quand l'aloe prist à chanter,
> Si commencèrent à armer.
>
> (Chr. des ducs de Normandie.)

Amazé , adj. terrain où il y a des maisons.

Ambielle , s. f. petit poisson blanc.

> Aussi pamée qu'un' ambielle.
>
> (B.-M., chanson du Grand-Baptême.)

Amiteux, se, adj. affable, qui fait des amitiés. Plusieurs cabarets des environs de Lille, et notamment à Loos et à Wattignies, portent pour enseigne : *L'Amiteuse*, ou plutôt *la Miteuse*.

Amonition, (pain d'). C'est par corruption, dit Ménage, que le beau langage a fait de ces mots : pain de munition. Ce que nous appelons aujourd'hui le patois était le bon français du XVI.ᵉ siècle. Nous trouvons dans le Glossaire de Ducange : *amonitio-cibaria, undé Galli : pain d'amonition.*

Amusette, se dit d'un garçon ou d'une fille qui flanc volontiers.

Anette, s. f. femelle du canard.

Angouche, s. f. angoisse; italien, *angoscia*.

Anicher (s'), v. p. faire son nid.

Anicroche, s. m. accroc; homme maladroit.

Aouteux, s. m. moissonneur qui vient faire l'août.

Aparler (s'), v. p. s'écouter parler.

Apener, v a. sevrer, priver, de *pénitence*, par contraction *pénence.*

Appateler, v. a. appâter; se dit des poulets qu'on engraisse dans la cage.

Approchant, se dit dans le sens de presque, de bientôt : *Il y a appro chant deux ans.*

Arabié, ée, adj. acharné, enragé; du latin *rabies*, rage.

> Sin père dit : l'affaire est clouque,
> Vous savez qu'unn' araignie
> Est arabiée après des mouques.
>
> (B.-M . chanson d'un Torquennois qui avait avalé une araignée en mangeant sa soupe.)

Archelle ou **Harchelle**, s. f. baguette d'osier dont se servent les jardiniers pour lier les plantes et attacher les vignes aux murailles.

Harchelle est le diminutif de *hart*, lieu d'osier plus fort avec lequel on serre les fagots.

> Tout en tour Bayard furent li chevalier vaillant ,
> Des harcéles du bois vont les estriers faisant
> Puis sont montés dessus , Renaud estan devant.
> Amis , ne veistes gens de si pauvre semblant.

Ces vers du roman des Quatre-Fils-Aymon , cités par M. Genin dans l'illustration du 3 septembre 1853 , à propos de l'étymologie du mot harceler , tranchent une question que la bibliothèque bleue laissait douteuse : à savoir si les enfants d'Aymon s'étaient jamais trouvés tous les quatre sur le même cheval.

ARLAND , adj. qui arlande ; lambin.

ARNIOQUE , s. m. accroc , mécompte.

AROUTAGE , s. m. marché aux vieilles ferrailles.

ARREVIERS, adv. à revers , à contre-temps.

> La mort a là ouvré arreviers
> En nous ravichant che Boufflers.
> (Vers de Jacques Decottignies sur la mort de Boufflers).

ARS , ARSE , adj. ardent, ardente ; de *ardere* , brûler.

> Et arse à vo' n'ouvrache ,
> De jour comme au candelé.
> (B.-M.)

ARSOUILLE , souillon.

ARTICHAUD , s. m. petit gâteau en pâte feuilletée qui affecte la forme du légume de ce nom.

ASSOTÉ , ÉE , adj. affolé, infatué.

> Quel drap est cecy vrayement!
> Tant plus le voy et m'assote.
> (Farce de Pathelin.)
> Bonjour mon cœur, m' n'assoté.
> (B.-M., Pierrot et Margot.)

ASTEUX , adj. joueur acharné.

ASSITE , v. à l'imp. Assieds-toi, pour *asete* , du vieux français *aseter*.

ATARGER (s'), v. p. s'attarder, ralentir sa marche; de *targia*, lourd bouclier qui arrêtait la marche de ceux qui le portaient. (Ducange.)

Dans les campagnes des environs de Lille, quelques cabarets où stationnent volontiers les traînards, portent pour enseigne : *A l'targette.*

ATICAN, s. m. *jouer d'l'atican*, terme du jeu de galoche ou bouchon, lancer sa pièce de champ, de manière à ce qu'elle se fixe près du bouchon; pour *buquer* ou abattre, on joue de la *plate*, en faisant glisser le palet.

Ategar en saxon se dit de traits qu'on lance.

ATIQUÉ, partic. attaché. Il y a dans Brûle-Maison une pasquille fort naïve sur l'amour *détiqué* et *ratiqué*, détaché et rattaché. C'est une reminiscence patoise de la fameuse scène du Dépit amoureux, entre Marinette et Gros-René.

ATO (Fêtes d'), fêtes carillonnées. Ce mot vient-il d'*ator*, parure, appareil, ou de *atal, natal,* qui s'étendrait du jour *natal* de Noël aux trois autres fêtes solennelles? Dérive-t-il au contraire du roman *ato* acte, du latin *actus*, action?

. *Grammatici certant.. ......*

ATOMBER, v. n. tomber juste, réussir. *C'est bien à tombé !*

ATOUT, s. m. carte gagnante; coup, par ironie.

ATTRIAU, s. m. cou, gorge; en rouchi : *ateriau.*

> .... fit un grand saut
> Deven l'puriau des vaques,
> Bien queu soixante pieds d'haut
> Jusqu'à l'attriau.   (B.-M.)

D'après M. Escallier, *attriau* ou *ateriau* viendrait du vieux mot *haterel* qui se traduit en latin par *cervix*, et signifie nuque, derrière de la tête.

Le patois de Lille, surtout en ce qui concerne les femmes, donne à ce mot un sens tout opposé : l'*atriau* c'est la poitrine, la gorge proprement dite.

> Un biau attriau
> Aussi ferme qu'un grès.   (B.-M.)

Aubade, s. f. Ce n'est point toujours la symphonie qui s'exécute à l'aube ; ce mot se prend aussi dans le sens d'*algarade*, *échauffourée*.

> Jean-Jacques, quelle triste aubade ,
> Depuis le matin ,
> No pourcheau est venu malade.
>
> (B.-M. — 10 e Rec.)

Aubète, s. f. petit bâtiment , annexe d'un moulin à tordre huile.

Aumonde, s. f. aumône.

Avaricieux, se , adj. avare.

Avisé, adj. malin , qui a des avises.

Avise, s. f. expédient.

> Pennel a des bonnes avises.
>
> (Le Carrousel dans le grenier.)

Awi, part. aff. oui. Cette dernière affirmation est le participe passé du vieux verbe *ouir*, entendre.

Avaleurs de vin, ouvriers chargés de descendre le vin dans les caves.

B

Babache, adj. joufflu ; *une grosse babache*.

Badine (aller à la), marcher bras dessus , bras dessous.

Badoulets (faire des) , jeu des enfants qui se laissent rouler.

Badoulette, grosse fille toute ronde.

Bagues (aller à), voyage que font à la ville les fiancés , non pas seulement pour acheter les anneaux d'alliance , mais pour se fournir de l'ameublement de la maison.

Bagues, d'où vient *bagage*, est le vieux mot générique de biens mobiliers ; on trouve dans toutes les capitulations la stipulation *de vie et bagues sauves*.

> Ce temps pendant, le seigneur de Quievrain , quel command que le duc lui olt fait , se partist de la cour du duc, le plus secretement qu'il peut , lui deuxiesme , et fait emporter ses meilleures bagues.
>
> (Mémoire de Jacques Du Clercq.)

Baie, jupe.

> Aquatte pour faire un' baye
> De l' calmand' blanqu' a bleusses raies.
>
> (B -M.)

Balocher, balancer.

> Tous les cloques des cloqués
> Dans ce moment ont baloché
>
> (Vers naïfs en vrai patois de Lille , sur les conquêtes
> du Roi , en Flandres. MDCCXLV ; attribués au
> fils de Brûle-Maison.)

Baleine, s. f. gêne, désarroi.

Quand le commerce ne va pas, les ouvriers disent qu'il est *à l' baleine.*

> Tous les métiers sont à l' baleine.
>
> (B.-M.)
>
> Comme l' commerce est à l' baleine
> Men mait' m'a donné men livret.
>
> (Desr., chanson du Marchand de pommes de terre.)

Balou, adj. bêta, vient probablement de balourd, lourdeau : il fait au féminin *balouse.*

Ce mot est encore très-fréquemment employé. Quand nos jeunes voyageurs de commerce, exilés dans une ville étrangère, veulent savoir si, au milieu de la foule qui les entoure, se trouvent quelques compatriotes, ils poussent le cri convenu : *Eh ! balou!* il est rare que cet appel soit sans résultat.

L'*Echo du Nord* a publié en 1833, un article de l'auteur du Bourgeois de Lille, intitulé *Eh ! balou !*

M. de Pradel a improvisé sur ce même sujet une de ses plus jolies chansons, dont le refrain est :

> Eh balou ! (*bis*)
> Prends gard' de t' casser l' cou.

On remarque, dans le recueil de M. Desrousseaux, la pasquille de *Jacquo l' balou ,* elle confirme parfaitement la signification qu'on donne à Lille a ce mot.

BALOUFFE , s. . grosse joue

> Mes deux balouff's much'tent men nez.
>> (Desr., la Lettre et le Portrait.)

BALLON , s. m. *Avoir l'ballon*, être enceinte.

> J'étot aveuc unne fille
> Et elle avot l'ballon.
>> (Sorez, société de St.-Amand.)

BANSE , s. f. manne, grand panier d'osier; femme qui se conduit mal.

Le peuple continue d'appeler rue *des Banseliers*, la rue dite des Manneliers dont les caves, du côté de la Grand'Garde, étaient presqu'exclusivement occupées par des vanniers qui étalaient leurs produits au dehors, sur la rue même.

> En l'honneur du Roi de France
> Un fet des verses plein des bances.
>> (Vers naïfs attribués au fils de Brûle-Maison.)
>
> Un dit qu'all'a fait l'banse,
> Qu'all'est imbarrassée.
>> (Chanson de carnaval célèbre dans les annales liloises.)

BANSE BERCHOIRE , berceau en osier.

BARON , s. m. mari, du tudesque *barn*, garçon.

> Ché femm' aveu leu baron
> Y dansoint tretous au rond.
>> (B.-M., chanson du Grand Baptême.)

BAROU , s. m. tombereau à trois roues qui sert à l'agriculture.

BASAINNER , v.n. balancer, osciller.

> Tout basainnant
> Un grand pas li allonge.
>> (B.-M., 3.ᵉ recueil.)

BATILLER , v. n. se battre.

BAUDEQUIN , petite nacelle, de l'allemand *bootchen*.

BEARD , adj. qui regarde la bouche ouverte; de *béer*, bayer, d'où *bailler*.

On a fait observer avec raison que, par une bizarrerie qui n'est pas sans exemple dans notre langue, le mot *bégueule*, bien qu'exprimant littéralement *gueule béante*, a pris, dans l'usage, la signification de *petite bouche*, *bouche pincée*.

BEDOULE , s. f. boue liquide.

BEGHIN , s. m. petit bonnet d'enfant.

BÉNACHE , adj. bien aise.

BENIAU (jeu de), bâti surmonté d'un plancher en pente percé d'une ouverture dans laquelle le joueur cherche à faire entrer, en les jetant de loin, des palets de fer.

BENIAU , s. m. tombereau ; de *Benellus*, diminutif de *Benna*, celtique.

BÉOTE, aubette, petite cabane.

> Y a été all' béote,
> Pour avoir sen billé.
>> (Félix C., le Tourquennois au c emin
>> de fer).

BERDAINE (courir), aller à l'amour, corruption de la locution *courir la pretentaine*, laquelle s'applique aux personnes qui font des courses, des voyages dans un esprit de libertinage.

> Y s'en souven' ra pus d'un jour
> D'avoir couru berdin l'amour.
>> (B.-M., d'un Tourquennois qui a battu
>> son chien de verges).

BERDELACHES , s. f. p. objets de peu de valeur.

BERDOUF, onomatopée. Exclamation pour rendre le bruit que fait un objet en tombant.

BERLOU , ad. au féminin BERLOUQUE , louche, strabique.

Nous avons tous connu , dans la commune des Moulins, un cabaret qui portait pour enseigne : *aux Trois-Berlous*.

Le peuple croit généralement que les *berlous* voient double. Un des moyens les plus usités entre enfants , pour s'assurer du fait, c'est de demander au camarade strabique, en lui montrant une main plus ou moins ouverte : *Combien y a-t-il de doigts?*

Suivant M. Hécart, *berlou* ne serait qu'une contraction du wallon *warlouque* et signifierait : voir louche. Nous croyons que *berlou* vient plûtot de l'anglais *look*, voir et de *ber* qui répond au *bis* des Latins.

Ducange nous fournit un analogue dans le vieux mot français *berlong*, qui fait en latin *bis longus*.

Une troisième opinion attribue à *berlou* cette autre étymologie : *regard d'ours*, de l'allemand , *ber*.

BERLUSER (se) , v. p. Se laisser tromper par un homme.

> Men pèr' m'a toudi défendu
> De m'berluser à l'z' hommes.
>
> (B.-M., le jeune Seigneur.)

BERNATIER , s. m. vidangeur.

BERNEUX, même signification; ce mot s'applique aussi, dans certaines circonstances, aux petits garçons et aux petites filles.

BERSILE , s. f. soupe maigre , panade.

BERTONNER , v. n. grommeler, gronder.

BIC BAC. s. m. *faire bic bac* , se balancer; on appelle *bic bac* l'engin dont on se sert dans les brasseries pour faire descendre les seaux dans le puits et les faire remonter.

BIELLE , La belle ; le peuple de Lille et de la campagne appelle ainsi fort poétiquement la lune.

> Comme y faigeot biau clair de leune
> Il a vu l'bielle deven l'iau.
>
> (B.-M., d'un Tourquennois qui a cru que son baudet avait bu la lune.)

BIRLOUET, s. m. *rirloar*, du vieux français *virer*, tourner. C'est un jeu consistant à faire tourner sur son pivot une aiguille qui indique en s'arrêtant le numéro gagnant.

On donne aussi le nom de *birlouet* au petit tonneau qui renferme les friandises mises en loterie.

Bise (vent de), de l'armoricain *biz*, vent de nord-est ; on dit de ce vent qu'il *bisit* le teint, qu'il le hâle. Jeter quelque chose au bise, c'est le jeter au vent.

Biser, v. n. jaillir d'une manière aiguë, à la façon du vent de bise.

Biset, s. m. pigeon commun, noirâtre.

Bisquer, v. n. être vexé ; *faire bisquer quelqu'un*, le tourmenter.

Bistoquer, v. n. faire un présent ; il a dans Rabelais une signification érotique.

Bistoule, s. f. bagatelle.

Blanc-bonnet, On appelle ainsi les femmes, comme on appelle les hommes, *les capiaux.*

Blasé, adj. du grec βλαξω, avoir l'esprit émoussé.

On applique à Lille ce nom à l'homme dont la figure, d'une bouffissure moite, accuse l'abus des liqueurs alcooliques. Il y a dans le recueil de Brûle-Maison une complainte fort originale sur les blasés.

Bleuets. s. m. p. orphelins, issus de parents bourgeois, anciennement établis, ainsi nommés du vêtement bleu qu'ils portent. Un certain nombre de ces enfants assistent, un cierge en main, aux convois funéraires de première classe.

Bleusses, s. f. p. mensonges ; *t' m' in conte des bleuss' ;* c'est le mot *couleurs* dans un sens restreint, défini.

Bleu tôt, bleu toit, la grande maison, l'hôpital général, ainsi nommé de la couleur des ardoises qui le couvrent.

L'bleu tôt n'est mi fé pou' les quiens, dit, avec une résignation philosophique, l'ouvrier lillois que le poids de l'âge empêche de travailler.

Blo (porter à), porter sur son dos. *Bloc*, dans le vieux français, se dit de toute élévation.

Bobineur *au freque*, s. m. ouvrier employé à garnir les bobines de fil encore humide.

Boni (avoir), être créancier de quelqu'un.

Bonniquet, s. m. coiffure de femme formée d'une calotte de linge que borde par devant une large bande de tulle tuyautée. On dit d'un homme qui craint sa femme : *t'auras du bonniquet.*

Boquillon, s. m. bûcheron, qui épinche les arbres.

> Et Boquillons de perdre leur outil ,
> Et de crier pour se le faire rendre.
> (Laf., liv. V.)

Bornibus , s. m. borgne.

Boubou (faire) , faire banqueroute.

On appelle *Empereur* celui qui en est à sa troisième.

Boucan , s. m. grand bruit.

Boujon , s. m. bâton de chaise.

> J' loie Etienn' l'Écorché.
> Au boujon de s'caïère.
> (Desrousseaux, Ro bot.)

Bourler , v. n. jouer à la boule.

Bourler , v. n. tomber d'une façon grotesque.

Bourler court, mal prendre sa mesure, manquer le but.

Bourlette , s. f. boulette de viande hachée.

Bourseau , s. m. bosse à la tête, provenant d'un coup.

> J'prinds min moucho , j' li fabrique un bindeau ,
> Et j'ai calmé les douleurs du boursieau.
> (Danis, Un Homme sensible.)

Bouter , v. a. mettre.

Brader. v. a. gâter ; *un enfant bradé ; brader marchandise* , c'est gâcher quelque chose.

Braderie , s. f. fête populaire qui se célèbre le premier lundi de la Foire annuelle. Les enfants obtiennent de leurs parents la permission de vendre, à leur profit , une foule de vieux objets ; ils appellent les chalands aux cris de : *à la braderie ! au reste ! trois quarts d'hazard, par ici, venez voir, c'est la foire.*

(43)

La certitude de faire de bons marchés attire dès le point du
jour les gens de la campagne dans les rues de Lille où s'étalent
les objets *bradés*.

La Braderie a fourni le sujet d'une des plus jolies chansons du
recueil de M. Desrousseaux.

BRAFE, du bas breton *brav*, beau. Brave, courageux, bien mis, paré
Il a dans Malherbe ce dernier sens :

> Tantôt nos navires braves
> De la dépouille d'Alger.

On trouve ce mot avec la même signification dans Pascal, La
Fontaine et madame de Sévigné.

BRAIRE, v. n. pleurer ; *bréoire*, femme qui a toujours la larme à
l'œil.

BREBIGETTE, s. f. petite brebis ; il existe à l'angle des rues Esquer-
moise et Basse une enseigne sous ce nom.

BRELLES, s. f. p. cheveux raides comme les herbes de ce nom.

BRIFFE, s. f. brive, bribe, reste de pain.

BRINBEUX, s. m. homme très pauvre.

> Sen pér' n'est qu'un brin beu
> Et ly, ché un monseu.
> (B.-M., le Roi boit.)

BRISCADER, v. a. abîmer, gâter, gaspiller.

BROCHON, s. m. mesure de liquide.

BRONDELER, v. n. variante du verbe tomber. L'homme qui *brondielle*
ne tombe pas tout d'un coup, il s'étend dans la boue après quelques oscillations causées par l'ivresse.

> Y da tant mié qui brondielle.
> (B.-M., 3.e recueil.)

BROQUANTE, s. f. ouvrage d'occasion.

BROQUELET, s. m. fuseau à l'usage des dentelières ; on célèbre tous
les ans, à la St.-Nicolas d'été, la fête du *Broquelet* sous les char-
milles de la Nouvelle-Aventure.

Cette fête populaire a inspiré le pinceau de Watteau.

BROQUER , v. n surgir, saillir.

BROQUET, s. m. allumette.

BROUZÉ , adj. sali , barbouillé.

BRUANT, s. m. hanneton. Le mot *bruant* est une onomatopée traduisant le bruissement que produit le hanneton en agitant ses ailes.

Les enfants qui vendent les hannetons crient dans les rues : *A bruants ! à bruants !* ou bien encore : *A Ronchin ! à Ronchin !* On suppose que ce village étant fort boisé, fournit les hannetons en grand nombre.

Les hannetons gris sont appelés *meuniers.*

> Wettiez ch'est un biau meunier,
>   Ma mère.
> Aquatez m'en s'y vous plet.
>   (B.-M.)

Pour stimuler les hannetons et les forcer à s'envoler, les enfants leur pincent les pattes avec l'ongle.

On dit d'un homme lent de sa nature et difficile à mouvoir, que *c'est un bruant à qui il faut marcher sur les pieds.*

BUISSE , s. f. buse , tuyau.

BUQUER , v. a. frapper.

BURESSE , s. f. lavandière, blanchisseuse.

BURGUET, s. m. plate-forme en pierres bleues qui , avant l'établissement des trottoirs , couvrait l'entrée des caves au bas de la façade de presque toutes les maisons de Lille.

> Ils l'ont lardaie sur mon burguaie.
>   (M. Lantoing , épisode du combat des quatre régiments de la garnison de Lille , en 1790.)

BUSIER , v. n. réfléchir ; de l'anglais *busy*, penser, plutôt que de *buse*, oiseau stupide. Non seulement la buse ne pense pas , mais elle n'a pas l'air de penser.

C

Cabas, s. m. en grec χάβος, bas latin *cabus*; panier en cuir ou en paille. Chapeau d'une forme arriérée. On appelle aussi *cabas* les dévotes qui négligent les modes.

Cabujette, s. f. espèce de salade, dite *laitue pommée*.

Cabus, adj. pommé, chou cabus; en basse latinité *cabutus*, pour *caputus*; la racine est *tête*. Les Allemands disent : *herbe à tête*. On connaît le rebus qui ornait la porte de l'église où fut inhumé Philippe de Commines : un *globe* pour figurer la naissance du monde, et un *chou pommé*. *Le monde n'est qu'abus.*

Cacher, v. a. chercher, chasser, *venari*.

> LE SAVETIER.
> Parlez, quoi cachez-vous, femme ?
> LA PAYSANNE.
> Je cache, je n'en sais point mi-même.
> (B.-M., Le Savetier lillois et la Tourquennoise.)

Cachiveux, adj. chassieux.

Caconnes, s. f. p. cerises sucrées, bigarreaux.

Cadot, s. m. chaise d'enfant ou de vieillard. Le mot latin *cadere* qui exprime l'action de tomber, en général, semble ne s'appliquer, par les emprunts que lui a faits notre patois, qu'à l'action de se laisser tomber sur le derrière.

Cafouiller, v. n. fouiller malproprement une partie quelconque de son corps.

Cafouillage, s. m. action de cafouiller; désordre rebutant.
   On appelle *cafouillage de Douai*, un rôti de porc accompagné de pommes et d'oignons.

Cafotin, s. m. étui pour aiguilles.

Caïère, s. f. chaise, voyez *Cadot*.

CALÉ (être), être bien mis.

> Nous partons calés comme des princes
> (Desr.)

On appelait autrefois *cale* une sorte de coiffure; on en a fait *calotte*.

CAMANETTE , s. f. commère qui habite la même maison; *cum manere,* demeurer ensemble.

CANADA , s. m. pomme de terre.

CANARIEN, s. m. serin, oiseau des Canaries.

CANDELÉ , s. m. chandelle.

CANDÉLIETTE , s. f. donner une *candéliette ,* suivre d'assez près un camarade qui *dégriole* pour lui frapper les talons et le faire tomber. On appelle plus justement *candéliettes* les stalactites de givre qui s'attachent aux arbres.

CAPAGEOIRE , s. f. dépensière.

> Quoiqu' all' cuche des moyens
> Elle est trop capageoire ,
> Tout l'argent finiroit
> Et elle me demeureroit.
> (B.-M , Entretiens amoureux d'un ouvrier sur
> l'otil et d'une doubieresse.)

CAPENOULE , s. m. diminutif de capon.

CAPIAU, s. m. homme.

> Quoi ! mi prendre encore un capiau !
> (B.-M., Le Mari mort et oublié.)

CAPON , s. m. mauvais sujet, polisson et non poltron , sens plus habituellement donné au mot capon, dans toute la France.

CARACOLE , s. f. volte , colimaçon.

CARAFIEN , s. m. chariot à ordures; *noir comme un carafien.*

CARTON , s. m. charton , ouvrier de ferme chargé spécialement de la conduite des chariots.

> Le charton n'avait pas dessein,
> De les mener voir Tabarin.
> (Lafontaine.)

CATIMINI (en), *en druquin , en much' ten pot ,* sont synonymes de : en cachette.

CATOU , s. f. poupée , fille légère.

CAUCHES , chausses ; *courtes cauches,* filles chaussées court.

> Un drol' qui queurre à droite à gauche ,
> Et qui aim' bien les courtes cauches.
> (B.-M., Amoureux détiqué et ratiqué.)

CENSE , s. f. ferme , bien de campagne donné à cens , à fermage.

CENSIER, s. m. fermier; *censier de place,* on appelle ainsi par ironie les fainéants de la place publique.

CHIFFLOTIAU , s. m. petit sifflet , fifre.

CHIP-EN-CHOP (aller de). loc. marcher de travers.

CHIPOTER , v. a. chicaner, chercher dispute.

CHIQUER, v. a. manger; le mot est dans Rabelais. Les écoliers donnent le nom de *chique* à toutes les friandises qui entrent au collège.

CHLOFFE (aller à), loc. aller coucher ; de l'allemand *schaffen,* dormir.

CHOAINE , adj. vif , alerte.

CHOULER , v. n. jeu qui consiste à lancer une boule de bois appelée *choulet,* avec une crosse ; de l'allemand *schollern.*

> Diex que jou ai la panche lassée ,
> De la choule de l'autre fois.
> (Robin et Marion.)

CHUCHE , s. f. bière.

> FLAMBEAU :
> Au Mameuluqu', é non Desprès , y n'ia de l' chuche, che comm' du vin.
> (Dialogue entre deux choristes dans un entr'acte de *Lodoïska.*)

CLACHERON , s. m. bout de ficelle qui sert de mêche aux fouets.

CLAQUE, s. f. fille indolente , qui n'est bonne à rien ; il existe à Lille une rue dite : rue *à Claques.*

CLAQUOIR, s. m. *pétonnière,* tube en sureau par lequel, au moyen de l'air comprimé, les enfants chassent au loin , avec bruit , des balles d'étoupe mâchée.

CLIQUES ET CLAQUES. Prendre ses *cliques et ses claques*, c'est vider les lieux, déguerpir.

CLIQUE-TALON (aller à), loc. marcher avec des souliers éculés; à savattes.

CLOUCHES, terme de mépris pour peindre de maigres aliments; *man ger des clouches.*

> Quand j' mets men potage à m' bouche,
> Y n'est mi pus bon qu' des clouches.
>> (B.-M., 3.ᵉ recueil)

CODAC, s. m. œuf; onomatopée.

COICHER, v. n. cuire, être cuisant, douloureux.

COINNE, adj. stupide; *être coinne,* être interdit, perdre contenance.

> Aujord'hui j' sus coinne
> Comme un piche au-lit.
>> (Desr. Mi ique l'arlequin.)

COQUELEU, s. m. amateur de coqs, qui les fait battre.

CORINCHE. s. m. dévoiement.

COSETTE (un petit) loc. on dit aussi — un petit temps — pour désigner un court intervalle de temps.

> Et un petit cosette après
> Y a entré.
>> (B.-M. chanson sur le camp de Cysoi-g).

COSTIAUX. s. m. p. petites camisoles d'enfant ouvertes sur le devant.

COTIN, s. m. feu de braise, on dit en rouchi *godain.*

COTRON, s. m. jupe qui s'attache sur les côtés, du vieux français *cotte.*

COUET, s. m. vase en terre qui sert à la cuisine.

> Y n'ont point d' cafetière,
> Y prenn' t un couet.
>> (B.-M., chanson sur les Buveuses de café.)

COUILLON, s. m. poltron. lâche (Rabelais). On appelle les Berguenards, *couillons de Bergues,* je ne sais pour quelle raison.

COUILLONNADE, s. f. blague, plaisanterie de mauvais goût.

Coulière, s. f. cloyère, panier au poisson formé d'une sorte de claie d'osier ; on dit à Paris une cloyère d'huîtres ; à Lille , les commissionnaires du marché au poisson s'appellent *porte-coulières.*

Coulon , s. m. pigeon.

Coulon , nom propre. C'est le fossoyeur du cimetière de la ville ; *aller vir Coulon ,* c'est mourir.

> Un homm' comm' li s'en aller vir Coulon !
> (Desr., chanson de Bolis.)

> Ch' est qu' sans ch' bouillon .
> T'iros à cop sur faire un tour chez Coulon.
> (Danis.)

Couque-Baque , s. f. sorte de crêpe confectionnée avec de la farine de sarrazin, appelée *boquette ,* et du beurre. Les *couques-baques ,* dites à l'anglaise, sont en outre sucrées. Les hommes de ma génération se rappellent la cave de madame Dubois, maison Kickemans , maintenant café Lalubie

La vogue est aujourd'hui . . . ce genre de pâtisserie toujours populaire, à la cave des Quatre-Marteaux.

> Il économise sans peine
> Sur le gain de chaque semaine ,
> D'quoi manger trois quatr'fois par mois
> La fin' couqu' baqu' chez mam' Dubois.
> (Les Ouvriers lillois.)

Courtillage , s. m. jardin aux légumes ; de *courtil , hortus.*

Courtilleu , s. m. jardinier-légumier.

Court-mois, mois de février, le plus court des mois du calendrier.

> Y sont sortis de ch' l'endroit
> Le vingt-quatre du court-mois.
> (Vers naïfs)

Coyette (aller à l') loc. se trouver entre soi, en petit comité.

Craché, part. ressemblant. Quand on dit : *c'est son portrait tout* *craché,* c'est que, original et copie se ressemblent comme deux crachats.

> One enfant ne ressemble mieux
> A père. . . . .
> . . . .
> . . . qui vous aurait craché
> Tous deux encontre la parroy,
> D'une matière et d'un arroy,
> Si seriez vous sans différence.
> (La farce de Pathelin.)

CRACHEZ, petite lampe de fer à l'usage des campagnes.

> My j'allum' men crachez
> Deux fos avec un broquet.   (B.-M.)

CRAINE, adj. pour crâne, lequel mot est synonyme de fameux, excellent. *Voilà de l' craine bière, de l' craine soupe !*

CRAMILLIE, s. f. crémaillère.

CRANPI, adj. plié, courbé.

CRAPE, s. f. crasse, saleté.

CRAPEUX, adj. salop.

CRAQUELIN, s. m. sorte de pâtisserie croquante.

CRAQUELOT, s. m. hareng fumé sans avoir subi les préparations qui permettent de conserver les harengs saurs.

CRASSEUX, adj. avare, du financier romain Crassus, aussi ladre que riche, lequel, au dire de Catulle, reprenait, en revenant à la ville, au pythagoricien Polyhistor, le chapeau qu'il lui prêtait pour le garantir du soleil, quand il l'emmenait à la campagne.

CREN-BOULI, crème bouillie; lait caillé préparé avec des œufs et de la crème douce. Les fermiers apportent à leurs propriétaires et pratiques des pots de *cren bouli,* le jour de la procession de Lille. On sert la *cren-bouli* au dessert; quelques-uns y joignent du sucre, du vin et des macarons.

CREVASSIN, s. m., ou QUEURVASSIN, homme qui a l'habitude de se crever, c'est-à-dire de se saouler.

CREVÉ , part. ou QUEURVÉ , saoul.

> Queurvé comm' un polonais.
>
> (Danis . Conseil à la jeunesse.)

CRINCU , USSE (être), c'est présenter la difformité d'un long buste sur de courtes jambes ; du tudesque *krauk*, impotent.

CRON , adj. tortu ; le sobriquet de *cron' tiéte* est souvent donné à ceux qui ont le cou de travers.

CROQUANT, s. m. genièvre.

CROQUE , adj. légèrement ivre.

> L' tambour qui étot quasi croque,
> Est mort en battant la berloque.
>
> (Desr., Le revidiache.)

CROQUE-POUX , s. m. groseille blête ou à maquereau.

CROQUES , œufs de poisson.

> I dit faut que je sème
> Tous les croques , d'un cœur gai.
>
> (B.-M., le To uquennois qui , pour avoir des carpes , et
> a semé les croques.)

CROQUET , s. m. mot employé dans les vieux titres pour clocher ; il y à Lille une rue *du Croquet*.

CROUCROU (se mettre à), s'accroupir de manière à s'asseoir sur les talons.

CROUSTOUS , s. m. p. espèces, argent.

CRUAU , s. m. mauvaise herbe.

CURISSE (pain de) pâte de réglisse. Les enfants font, l'été, pour tisane, de l'eau de pain de curisse , en agitant l'eau d'une bouteille dans laquelle ils ont déposé quelques morceaux de pâte de réglisse.

D

DACHE , s. f. clou de soulier, de l'armoricain *tach* , clou , d'où vient le mot attacher

DACHOT , s. m. furoncle.

DAMAGE , s. m. dommage, du vieux français *dam*, qui a pour racine
damnum.

> Ché damage qui fait si querre à vivre.
>
> (B.-M., Pasquille.)

DANOBIS , s. m. homme à l'air simple , paraissant toujours offrir de
l'eau bénite.

DAQUOIRE , s. f. averse , ondée; du latin *aqua*, eau.

DARON , s. m. se dit pour baron.

> Pierrot , as-tu vu le daron ?
>
> (Tableau parlant.)

DARONNE , s. f. femme.

> Ch' l'homme di à s' femm' qui maronne ,
> Allons viell' daronne!
>
> (Desrousseaux.)

DARUS , s. m. habitant de Saint-Sauveur.

DARUSE , s. f fille de la même paroisse.

Je trouve ces mots dans le poëme burlesque sur la bataille de
Fontenoy , dédié au sot de Lille , sans pouvoir indiquer leur
étymologie.

DASER. *Faire daser quelqu'un ,* lui faire chercher un objet caché par
malice.

DEBOUT , s. m. bout; il y a à Lille la rue du *Court-Debout* et celle du
Rouge-Debout.

DECAROCHER , v. n. quitter la voie; déménager, perdre la tête.

DÉDICACE , s. f. fête originairement religieuse, où l'on mettait une
église ou un village sous l'invocation d'un saint patron ; à cette
pieuse solennité, le goût de plus en plus prononcé des plaisirs mon-
dains a ajouté une fête communale qui présente le programme
habituel de trois jours, au moins , de jeux , de danses et de festins.

Plusieurs villages ont la grande et la petite dédicace, sans compter les dédicaces des cabarets, et la fête des saints, patrons des divers métiers.

Déesse, s. f. Le peuple appelle — *l' déesse* — la statue de Lille qui surmonte la colonne commémorative du siége glorieux de 1792.

Défunquer, v. n. décéder, mourir.

Diffuler, v. a. ôter, tirer, de *diffibulare*, (Ducange).

> Gros Jacque il a parlé biau
> En diffulant son capiau.
>   (B.-M.)

Degaine, s. f. tournure, démarche.

Degobiller, v. n. *Dégueuler* et *déloufer* ont la même signification; c'est vomir. *Dégobiller,* littéralement, c'est écorcher le renard : de *vulpes,* goulpil, dont on a fait aussi goupillon. Tout le monde sait que le goulpil a retenu le nom de renard depuis le fameux roman du XIII.e siècle, attribué à Jacquemart Gielée, notre compatriote.

Dégrioler, (voir *Grioler*), glisser sur la glace.

Dégrioloire, (voir *Grioloire*), langue d'eau glacée, *égalie* par les souliers ou les sabots des glisseurs. Les ruisseaux des rues sont d'excellentes *dégrioloires,* jusqu'au moment où les prudentes ménagères viennent les couvrir de cendres.

Dégueuler, vomir.

> Et ti, va menger six livres de viau,
> Pour dégueuler comme un pourchiau.
>   (B.-M., le Savetier lillois et la Tourquennoise.)

Déloqueté, adj. en haillons, en habits déchirés.

> Des sans maronn's, des déloclés.
>   (B.-M., ronde des Filtiers.)

Déloufer, v. n. vomir.

> Puis déioufant comme des pourchiaux.
>   (B.-M.)

Démélage, s. m. préparation liquide que la marchande de couques-

baques étend avec une cuiller sur sa plaque chauffée , pour fabri-
quer ses produits.

> On sint sin cœur craquer
> Quand on vot griller
> L'démélach' sur l'plaque...
>
> (Desrousseaux , Curiosités lilloises.)

DÉMÉPRISER , v. a. mépriser.

DEMITANT , moitié , demoitié

> Quand j' n' aros qu'un' prone ,
> T' en auras l'demitant.
>
> (B.-M.)

DÉPLAQUER , v. n. qui exprime l'état de la terre , légèrement gelée ,
dont un soleil ardent détrempe la surface qui s'attache par *plaque*
aux pieds des marcheurs.

DERNE, s. m. dernier. *Derne à couper,* sorte de jeu de barres où un
tiers, en coupant (croisant, les coureurs, attire sur lui la poursuite.
Donner le derne à quelqu'un , c'est lui frapper sur le bras ou sur
l'épaule en disant : *tu l'as.* Il y a un point d'honneur enfantin qui
consiste à rendre immédiatement le *derne* à un autre camarade.

DISCOMPTE , s. m. escompte, appoint du change d'une pièce de
monnaie.

DOREUX , adj. syncope de douloureux , douillet.

DORLORES, s. f. pl. parures d'or.

DORMANT , s. m. soporifique à l'usage des enfants.

> Bonn' s gins plaigné un brave homme
> Qui donne à ses pauv' s enfants,
> Quand i veut dormir un somme ,
> Pour eun' pair' de sous d' dormant.
>
> (Desrousseaux, l'Homme marie.)

DOUBE, s. m. double, petite monnaie.

DOUET, s. m. ancien instrument de ménage , composé de coupons
de chaîne de calmande, cloués au bout d'un bâton et formant
éponge pour ramasser l'eau. On dit d'un garçon qui a la chevelure épaisse et frisée, qu'*il a une tête comme un douet.*

Douque-douque, tic tac, battement du cœur.

> Min cœur faijot doucq' doucq' pus fort.
>
> (Desrousseaux, l'Parainache.)

Dragon, s. m. cerf-volant, appelé *dragon*, sans doute à cause de la forme que l'on a quelquefois donnée à ce genre d'aérostat.

Dri, *Au dri!* contraction pour *au-derrière*, cri poussé par les enfants pour prévenir que quelqu'un est monté derrière une voiture.

Drisse, s. f. excréments liquides ; foirade. *Avoir la drisse* se dit de quelqu'un qui a peur.

Drochi, Drola, adv. de lieu, pour ici, là.

Droule, chianlit, masque courant les rues, de l'allemand *troll*, d'où l'on a fait aussi *drôle*. Les enfants poursuivaient autrefois les masques au cri de : *droule, droule!* Ce cri est aujourd'hui remplacé par celui de : *ahu! ahu!*

Druquin (en), adv. en cachette.

Ducasse, s. f. Kermesse. (voir *Dédicace*.)

La ville de Lille, indépendamment de sa ducasse annuelle, a ses ducasses paroissiales qui viennent dans l'ordre indiqué par les rimes patoises qui suivent :

> André, Madleine,
> Pierre, Catleine,
> Sauveur, Etienne,
> Meurice.

E

Écafillé, ée, adj. éveillé, ée.

Écafoter, v. a. dégager la noix de son enveloppe.

Échucher (s'), v. p. parler de manière à s'épuiser, *à perdre son suc*.

Eclite, s. m. éclair.

Éconce, s. f. lanterne sourde ; du latin *abscondere ;* nous trouvons

dans Ducange : *consa , sconsa* et *absconsa, lanterna cæca*, lanterne aveugle; cette expression est préférable à celle de lanterne
sourde.

> Je n'ai pu rien dedan m'mazon ;
> Tout est aussi vuide qu'un' éconce.
>   (B.-M.)

Écour, s. m. partie du corps sur laquelle la mère , assise , tient
habituellement son enfant.

La madone de Raphaël , dite la Vierge à la Chaise, a le Christ
sur son écour.

Il n'y a pas , dans la langue française , de mot absolument analogue, pas même le mot *giron* que l'on a indiqué souvent comme
synonyme.

Écourcheu , s. m. tablier, ainsi nommé sans doute de ce qu'il couvre
l'écour.

Écrèpe , s. m. avare , qui tire parti de tout.

Écruauder , v. a. arracher le *cruau* des champs.

Égard , s. m. inspecteur, *eswardeur.*

Éhou ! éhou ! exclamation poussée pour faire honte à quelqu'un.

Emblave. Ce mot pris adjectivement s'applique à l'homme qui fait
des embarras.

> Veant v' nir les voitures ,
> Chés malins Tourquenois
> Digeont', oui , ché pour sure
> Chés emblaves d'Lillois.
>   (Félix C., le Tourquennois au chemin de fer.)

Emblaverie, s. f. désordre; on dit qu'une terre est *emblavée* quand
elle n'est pas encore dépouillée.

Embu (être), d'*imbutus ,* pénétré , imbibé , être légèrement pris de
boisson.

Émilion , s. m. lumignon , fragment de mèche de chandelle allumé.

Émontée , s. f. marche d'un escalier.

Empifrer, v. a. *Empifrer quelqu'un*, le remplir de nourriture ; *pifres vocamus gulosos qui largioribus epulis indulgent.*

(Ducange.)

Endêver (faire), vexer.

> Je ne l'ai prins qu'à ce matin, mais déjà j'endesve, je déguaine, je grezille d'être marié.

(Rabelais, Pantagruel, chap. VII.)

Enfenouillé (être), être fort affairé, embarrassé, empêtré.

> Bien loin que cha m' infenoule
> Cha fé toudi plaisi.

(Promenade lilloise.)

Engueuser, v. a. tromper, mettre dedans.

Énon ? Est-ce non ? formule interrogative fréquemment employée pour : n'est-ce pas ?

Enroster, v. a. saouler ; *s'enroster,* s'enivrer.

Enturlu (boire à l'), boire en turlure, en chantant des refrains.

> Tout cha s' en va à l'enturlu
> En buvant l'daimanche.

(B.-M.)

Envieillir (s'), v. n. vieillir. Cette expression se trouve dans les écrivains du XVI.e siècle.

Épaffe, adj. saisi, épouvanté, d'*expavefactus.*

Épautrer, v. a. écraser, meurtrir ; *espaultrer* est dans Rabelais.

Épuelle, s. f. épeule, bobine légère garnie pour la trame des étoffes.

Escoffier, v. a. tuer.

Escousse, s. f. élan ; *prendre son escousse,* c'est prendre du champ.

Espister, v. n. faire jaillir, éclabousser ; on fait espister l'eau en mettant le pied dans une flaque, ou en faisant tournoyer un *douet* trempé ; du latin *expargere.*

Étal, s. m. stalle, de *stare,* lieu où l'on étale.

Étaque, s. f. de l'anglo-saxon *staka*, lieu qui sert de but dans certains jeux ; attache de moulin à vent ; c'est de ce dernier mot patois que vient le nom de la rue *des Étaques*.

Étenelles, s. f. p. petites tenailles, pincettes, que le peuple appelle encore épincettes.

Étoquer ; *s'étoquer*, contraction pour s'estomaquer.

> Y a resté étoqué
> D'menger des pronnes.
> (B.-M.)

Étrain, s. m. paille triturée ; du latin *strata. Strata dicta quia pedibus vulgi trita.*

> (Duc.)

> De l'étrain dans m' couche.
> (B.-M.)

Étranner. Etrangler.

> Mais che cat, sans fachon,
> A étranné sen coulon,
> Tout comm' un n' rate.   (B.-M.)

Êtres, s. m. pl. pour aîtres, *atria*, distribution d'une maison.

Étrive ou étrivette, adj. s'emploie pour *tricheur*, mais n'a pas cependant la complète signification de ce dernier mot.

Le tricheur fraude, l'étrive violente; c'est plutôt un mauvais joueur qu'un trompeur.

Le verbe *estriver* se trouve dans nos plus vieux auteurs français avec le sens de débattre, se disputer, se quereller.

F

Fachaine, s. f. couverture ; être enfachainé, se dit d'un enfant emmailloté.

Fada (avoir le), locut. souffrir d'une chaleur accablante, vient de l'espagnol.

Falluiche, s. f. pain aplati, cuit à la flamme du four, et qu'on sert au déjeûner après l'avoir fourré de beurre.

Farfouiller, v. n. fouiller en brouillant (Roquefort), en éparpillant; de l'espagnol *farfullar*.

Faux, s. m. hêtre, de *Fagus*.

Fergu, adj. vif; frétillant.

> Fergu comm' unn' honaine.
> (B.-M., Le Baudet soldat.)

Ferloupes, s. f. p. lambeaux.

> J' sais raccomoder
> Les habits à ferloupes.
> (B.-M.)

Fichau, s. m. fouine. On dit : *malin comme un fichau.*

> Men cœur saute tout comme un fichau.
> (B.-M., Plaintes amoureuses.)

Filer, v. n. s'esquiver; partir furtivement.

Fin, adv. se dit pour l'adverbe ampliatif *très. Cet homme est fin sot.* C'est une syncope de *infiniment.*

Fin , fine , s'emploie aussi adjectivement, comme extensif, donnant plus de force à l'adjectif qui suit.

> Etienne vit toute *fine* seulette,
> Près d'un ruisseau sa défunte Tiennette.
> (Lafont., Troqueurs.)

Finioler, v. n. mettre de l'élégance, du *fini* dans ce que l'on fait.

Fion, genre. *Avoir le fion*, c'est avoir la manière, le *chic*, comme l'on dit aujourd'hui.

Flahute, flamand.

> Ré, mi, fa, sol, la, si, ut,
> Tous les Flamands sont des Flahutes.
> (Gamme lilloise.)

Flamique, s. f. (voir *Falluiche*). On dit d'un ménage qui a peu d'ordre, qui godaille, *que tout s'en va en tripes et en flamiques.*

FLANDRIN, de Flandres; *un grand Flandrin*, c'est un homme élancé et de mauvaise tournure.

FLAU ou FLO, adj. mou.

> Si le roi l'arot connu flau
> Qy n' l'arot point monté si haut.
>
> (F.-D. — Mariage du Dauphin, 1747).

On dit aussi : un vent flau.

FLÊPES, s. f. p. haillons; *aller à flêpes*, aller avec des habits déchirés, du latin *ferpes*, *ferpotæ vestes*, d'où *frepes* par la transposition de l'r, et *friperie*.

FLOHAINE, s. f. femme flasque, qui floie; du vieux verbe *Floïr*, faiblir, être *flô*, mou.

FOUÉE, s. f. brassée de petit bois pour faire flamber le feu.

On dit aussi : une régalette.

FOIRER, v. n. avoir le dévoiement, *de foirar*, nom donné par Rabelais à un raisin laxatif.

Le sobriquet de *Lillo - Foreux* est incessamment adressé aux Lillois par les campagnards.

FORBOU, s. m. forboutier ; faubourg, faubourien. *Foras burgi;* ici encore le mot patois se rapproche plus que le français moderne de l'étymologie.

> Ja ont arses les rues et les *fors borc* brisié.
>
> (Roman des enfants Aymon.)

FOUAN , s. m. taupe.

FOUFARDES, s. f. p. fanfares.

FOUFFE, s. f. loque, chiffon ; *faire ses fouffes*, c'est mettre du foin dans ses bottes.

FOURONNER, v. n. fureter, marauder ; du latin *fur*, voleur.

> Y coure au gardin
> En fouronnant partout.
>
> (B.-M., 10.e recueil.)

Fraiche, c'est ainsi qu'on appelle la tisanne que vendent les marchands de coco. *A la fraiche qui veut boire ?*

Frasoir, plateau de bois percé de trous, ustensile de ménage.

Frayeux, adj. qui occasionne des frais. On trouve dans Lafontaine, pour la même idée, le mot *frayant*.

> L'un alléguait que l'héritage
> Etait *frayant* et rude.
> (Liv. **VI**, f. 4.)

Friant-battant, locut., d'une façon délibérée ; se dit de la marche d'une personne qui va droit devant elle sans douter de rien.

Frisons, cheveux bouclés avec un fer.

> Chés deux biaux frisons,
> Qui sont su vo front,
> Aussi noirs que du carbon. (**B.-M.**)

Frusquin (Saint-), trésor provenant d'économies.

Fuile, s. f. paille de colza employée comme combustible, vient de *fuerre*, paille.

Funquée, s. f. fumée. Il y a à Fives un cabaret bien connu sous le nom de la *Funquée*.

G

Gadou, s. m. matière fécale.

Gadoux (avoir les yeux), locut., les avoir doux et tendres.

Gadru, bon diable ; garçon fidèle.

Gafe, s. f. gave, cou. *Séraphin gross'gafe*, personnage d'une des plus jolies chansons de Desrousseaux (*le Lundi de Pâques*), a le cou gros, goîtreux.

Gaiole, s. f. geole, cage.

> Tout d' même qu'un perroqué
> J' te mettrai en gueole,
> T'apprendra à parler
> Peut ette chonqu' six paroles. (**B.-M.**)

GALOCHE, s. f. jeu de bouchon.

GALURIAU, s. m. gamin.

GANTHOIS, hospice fondé par le Gantois Delecambre.

GARCHONALE, s. m. petit garçon, terme de dédain.

GASPIAU, s. m. même signification.

GATELET, s. m. petit gâteau qu'on ne fait qu'en temps de carnaval.
On annonce le défournement, à son de trompe, à la porte des boulangers.

Tiroux rapporte que les Français crurent à une surprise, lorsqu'à la première année de leur occupation, ils entendirent ces cornets.

GAUFRE-COLICHE, s. f. gaufre molle, pâtisserie hollandaise.

GAUGUE, s. f. noix.

GAVU, pigeon à grosse gorge.

GAZIAU, s. m. gosier ; *pocher l'gaziau*, étouffer quelqu'un.

GHINS, s. m. lait battu.

GIFFLE, s. f. soufflet.

GIGEINE, s. f. gésine.

GIGEANTE, s. f. femme en couche.

> Retournant vers l'gigeante,
> Ils ont oublié l'enfant   (B.-M.)

GINGEOT, s. m. homme simple, facile à tromper.

GLAINE, s. f. poule, de *gallina*.

GLORIETTE, s. f. tonnelle qui abrite les buveurs dans les guinguettes, notamment à la Nouvelle-Aventure.

GLOUT, adj. glouton, *gulosus*. On dit d'un gourmand : *c'est une gloute-gueule*. Une espèce de poire porte le nom de *Glout-Morceau*.

GODAILLER, v. n. se livrer à la bonne chère sans aucune mesure.
Le mot vient de *good ale*, bonne bière, qui se trouvait sur l'enseigne de tous les cabarets.

GODICHE, adj. comique, plaisant.

Godon, s. m. poltron.

> Ne craignez point, aller battre
> Ces godons, panses à pois.
> Car un de nous en vaut quatre
> Au moins en vaut il bien trois   (Olivier Basselin).

Gourer, v. a. tromper, attraper, circonvenir.

Gouvion, s. m. goujon.

Graissier, s. m. épicier.

Grament, adv. syncope pour grandement, beaucoup.

Greignard, s. m. mauvais plaisant; grimacier. On appelle *greignards d'apothicaire* ces têtes grotesques qui figurent à la porte des pharmaciens.

Greigner, v. n. rire en se moquant. *Y n'font qu'rire et greigner.*

Griffer, v. a. égratigner; on dit aussi *dégriffer*.

Gringues, s. f. p. cerises noires sucrées.

Grioler. (Voir *Dégrioler*) *Grioler* a, je crois, la même signification et probablement la même origine que *fringaler* qui se dit à propos des voitures qu'un pavé trop glissant fait dévier à droite et à gauche du milieu de la route. Je vois dans les vers naïfs attribués au fils de Brûle-Maison, sur les conquêtes du roi en Flandre, le mot *grioler* appliqué à une fusée qui part en zig-zag :

> Un a mis l' fu à un' fusée
> Qu'elle a quemenché à grioler.

Grippette, s. f. petite fille hargneuse.

Groiseilles, s. f. p. groseilles. Notre patois encore ici a conservé le mot primitif.

On lit dans Marot :

> Mais si vous cueillez des groyselles,
> Envoyez m'en, car pour tout veoir,
> Je suis groz: mais c'est de vous veoir
> Quelque matin mes damoyselles.
> (Rondeau aux damoyselles paresseuses d'escrire
> à leurs amys.)

Gros-Jean, jeu des rues. Gros-Jean poursuit d'abord tout seul ses adversaires, à cloche-pied, toutefois après leur avoir demandé la permission de sortir. Chaque prisonnier qu'il fait augmente sa famille ; la poursuite collective qu'entreprend Gros-Jean avec sa femme et ses enfants, a lieu en faisant la chaîne par les mains réunies. Les adversaires cherchent à briser cette chaîne à coups de poing ; c'est aussi à coups de poing qu'on reconduit à son poste la famille Gros-Jean débandée.

Gros-Jean peut-il sortir tout seul, ou avec sa femme ou avec ses enfants ? — Sorte gueux ! est-il répondu.

GUERNOTER, v. n. palpiter, frissonner ; en terme de cuisine, bouillir à petit bouillon

GUERTIER, s. m. jarretière.

GUET. s. m. agent de police municipale.

GUILER, v. n. se dit d'un liquide épais qui s'échappe insensiblement par une fissure. On voit *guiler* du vase l'huile, la mélasse, le miel.

GUI, GÉE, s. f. levure de bière.

GUISE (Jeu de). La guise est un petit bâton aminci à ses deux extrémités qu'on pose sur un pavé, et qu'on fait sauter bien loin en frappant l'un des bouts avec un bâton plus long. Le jeu consiste principalement à lancer la *guise* dans une direction, ou à une distance qui ne permettra pas à l'adversaire de la recevoir.

GUIVE, s. f. figure difforme. En latin, *wifa*, guife ; signe matériel de prise de possession d'un objet ; cachet apposé, d'où est venu le mot *griffe*, signature stéréotypée.

GYRIE, s. f. du grec, γυρος, tour ; *faire des gyries*, c'est ne pas aller directement au but, employer des manières. *Gyrer,* de *gyrere,* tourner, est dans Rabelais

H

Habile, adj. s'emploie dans le sens de prompt. Un homme *habile* est moins un homme capable qu'un homme expéditif. Pour presser quelqu'un d'agir on crie : *Habile, habile !!*

Halbran, s. m. maladroit ; homme qui n'a pas plus de cervelle qu'un jeune canard.

Hallot, s. m. saule.

Hardi ! exclamation pour encourager.

Harna, s. m. appareil pour le tissage.

Havot, s. m. mesure locale qui représente à peu près vingt litres.

Hayon, s. m. échoppe, sorte de tente soutenue par des piquets, où l'on étale des marchandises de peu de valeur. C'est, suivant *Le Duchat,* une contraction de babillon, habit. En français, haillon est une barraque d'ardoisier (Nap. Landais), c'est du mauvais état des toiles qui flottent au vent que vient le mot haillons, vêtements déchirés.

> Quoi ! n'y a point den tout m' naïon
> Drochi, des sorlés à vot point ?
> (Le Savetier et la paysanne.)

Hayure, s. f. haie.

Hoche-Pot, s. m. sorte de ragoût très-estimé des Lillois ; c'est du bœuf bouilli accommodé aux carottes.

Hole, s. f. huile, d'*oleum.*

Honaine, s. f. chenille.

Houpette, s. f. petite houpe ; *un' biell' houpette !* Exclamation de dédain.

Hourdage, s. m. appareil pour la construction des bâtiments ; de l'allemand *hourd,* échafaud.

5

HOUSSE, s. f. faire housse, lutter.

> Pour faire housse avec nos bourbons.
> (Vers naïfs.)

Il y a à Lille une place dite de *la Housse*, appelée *l'Ouche* par le peuple. Cette place servait probablement aux luttes.

> Un l'y a raconté
> Que s' femme faigeot housse
> A boire du café.
> (Chanson sur les buveuses de café.)

HOUSEAUX, s. m. p. espèces de guêtres pour garantir le bas des pantalons ; de l'allemand *houser,* botter.

HUIS, porte, d'où huissier, du latin *ostium.*

> J'entendis buquer à m' hui.
> (B.-M., Le Retour de Jean-Louis.)

I

IMBORGNEUX, s. m. maladroit.

INCRINQUER (s'), v. p. être engrêné, empêtré.

> Quand ell' s'a vue incrinquée,
> Elle a crié à l'aide. (B.-M.)

INDIGNE, adj. Se prend dans le sens d'insupportable.

INDUQUE, s. f. éducation. On dit indifféremment avoir d' *l'induque* ou avoir d' *l'école.*

> Min père alors, qui a d' l'école.
> (Desr., Cassebras.)

INFANT, s. m. enfant, *infans. Un infant indine.*

INFILURE, s. f. manière de faire.

> Quand ell' veut faire du fricot
> N'y a d' quoi rir' de s' n infilure·
> (Desr., L'Homme marié.)

INFORCHIÉ (être), faire des efforts pour sortir d'un mauvais pas.

INGUER, viser, chercher à atteindre. Ce mot ne me paraît pas tirer son origine soit de *inquirere,* comme le pense M. Escallier, soit de *anhanarc*, suivant l'opinion de M. Le Glay ; je crois qu'il provient plutôt de *aguitare*, d'où aguet, *insidias struere*, d'après Ducange. On trouve dans Rabelais *indaguer* pour *chercher*. *Inguer* pourrait venir de ce dernier mot par syncope,

INNOCHENT, innocent, conserve dans le patois le sens étymologique d'inoffensif.

INSIPIDE, adj. S'emploie pour insupportable, comme *indigne*.

J

JACQUART, cloche de la retraite, ainsi appelée du nom d'un commissaire de police vigilant.

> V'la Jacquart qui sonne!

JEUNER, v. n. faire des jeunes, mettre bas.

JO, de *io*, cri de triomphe des anciens, d'où le mot *joie*.

> *Jo ! men père est rô !* crie l'enfant, dont le père, habile tireur, a eu le prix de l'arc.

JOBRE, s. m. abréviation de *Jobard*. *Jobelin*, pour nigaud, est dans Rabelais.

JONNE, adj. jeune : *un vieux jonne homme* pour un célibataire.

JOQUER, v. n. chômer, suspendre son travail.

JUPON, s. m. de l'allemand *joppe* ; jupe de femme.

On appelait ainsi autrefois les vêtements d'homme.

> Quand Bertrand entendit que le dux le manda,
> Il a dit au héraut qu'avec ly ira,
> Tantost avecques lui à l'ostel le mena
> Un bon *gippon* de soie en l'eure lui donna.
>
> (Chron. de Duguesclin.)

On donne encore le nom de *jupon* à l'habit-veste que portent les hommes de la campagne.

Nous retrouvons ce mot appliqué à un vêtement masculin, dans Molière.

> Vous pourriez bien sur votre noir jupon,
> Monsieur l'huissier à verge, attirer le bâton.

Rabelais appelle veau *engeponné* un veau en robe de docteur.

Jus ou ju , part. passé de gésir, *jacere*.

> L'ame s'en part et le cors jus chiet.
> (Rom. de Garin.)

On dit *queure ju* et *ruer ju* pour tomber à terre , et jeter à terre.

> Le duc d'Avrée de che co là
> Il a queu ju de sen queva. (B.-M.)
> Ne m'avanche nen min diale
> I' te rurai ju. (Id.)

Cette locution à fourni à Rabelais l'occasion d'un jeu de mot assez plaisant :

> Je croy que cest le propre monstre marin qui feut jadiz destiné pour dévorer Andromeda. Nous sommes tous perduz, o que pour l'occire présentement feust icy quelque vaillant *Perseius. Percé ius* par moi sera respondist Pantagruel.
> (Liv. IV. chap. XXXIII)

K

KRAENE , grue qui sert , au port , à décharger les marchandises des bateaux : du grec γερκνος.

L

LALA (le château de madame), jeu des rues. La châtelaine est sur le trottoir et cherche à saisir les petites filles qui courent sur son terrain , en chantant : *au château de madame Lala !*

LAINERON , s. m. lange d'enfant; c'est aussi le nom d'une cloche.

> Acout' sonner l' lain'ron.
> (Desr. l'Ivrogne et sa femme.)

Lain'ron est ici pour vain'ron , vigneron , cabaretier ; la cloche du vigneron sonnait la retraite des cabarets.

LANGREUX, adj. contraction pour langoureux, se dit principalement d'un enfant maladif.

Le maréchal de Saxe arrivant à Lille le 9 mars 1745, dans sa caléche d'osier, a paru *langreux* à l'auteur des vers naïfs que nous avons plusieurs fois cité.

LARI avec un *r* se prend dans le sens de gaîté, *hilaritas*.

> Che unn' gross' mami
> Qui entend ben l'lari
> Et quand chest sérieux
> Ell' l'entend encor mieux.
>
> (B.-M. — Le Roi boit.)

LARNESSE, adj. contraction pour larronnesse, voleuse.

> Pense-tu que j'irais être larnesse ? (B.-M.)

LARRI, s. m. désordre, pêle-mêle d'ameublement. Du celtique *lar-ris*, terre inculte. *Larricium* en basse latinité.

> Francois costoiant mainte selve,
> Se vont logier sous Mons en Pelve,
> Tout au lonc d'un larris sauvage
> Plein de fossez, près de boscage.
>
> (Guill. Guiard. Branche des royaux lignages.)

LÉBOULI, s. m. lait bouilli ; bouillie.

LEBURÉ, s. m. lait de beurre, lait battu.

LEURRE, s. f. trompeuse.

> Te v'la revenu donc bielle leurre.

Ce vers est le premier d'une pasquille plaisante de Brûle-Maison traduite en entier parM. Charles Monselet, dans le journal qui paraît sous ce titre. — Paris. — N.º du mardi 19 juillet 1853.

Bien que les parades rimées de Brûle-Maison offrent en général un caractère de réalisme propre aux peuples vieux, qui n'ont plus faim de poésie, la pasquille entre le mari et sa femme paraît au traducteur empreinte d'une douceur et d'une mélancolie qui ne sont pas ordinaires dans les scènes du chansonnier lillois.

LIACHE, s. m. lâche, lacet.

> Vite men fieu, tends no harna
> Nous l'prendrons au liache.

Lille (l'île), nom que le peuple a spécialement conservé à la cour Gilson, quartier situé dans un îlot qui fut le berceau de la cité et qui lui fournit son nom.

Locum a progenitoribus *illa* nuncupatum.

(Acte de 1066 pour la fondation de St.-Pierre.)

Lincheux, s. m. pour draps de lit.

Liste, s. f. lisière, de *lista*, basse latinité.

Liston, s. m. bande, ruban qui serre la ceinture de la culotte.

Loque, s. f. chiffon, d'où déloqueté, déguenillé.

Loste, s. m. espiègle, hurluberlu.

Louchet, s. m. bêche.

Lozarde, s. f. lézard. Fille ou femme, mutine, éveillée.

Luijeau, s. m. luiseau, cercueil; du vieux français *luseau* (*feretrum*); luseau vient du latin *locullus* ou *locellus*. (Ducange.)

Lumerote, s. f. petite lumière, feu follet.

Lusot, te, adj. espèce de flaneur qui perd beaucoup de temps sur les moindres choses. (Brun-Lavainne), de *ludere*, jouer.

M

Mabré, adj. au féminin *mabresse*, qui a eu la petite vérole, les *poquettes*; marbré, nuancé, grêlé. Le peuple dit volontiers des individus, devenus de plus en plus rares, qui ont conservé les traces de la petite vérole, *qu'ils ont été vaccinés avec une écumette*, ou *qu'ils sont tombés, le visage sur des petits pois.*

Il y a un proverbe lillois très-consolant pour ceux qu'afflige la petite vérole, qui dit : *Un biau mabré n'est jamais laid.*

Macaveule, adj. à moitié aveugle.

Machuré, adj. noirci de suie ou de charbon, contusionné, meurtri. Il est dans Rabelais.

MADOUILLER , v. a. tripoter avec les mains ; il diffère de cafouiller en ce sens que ce dernier mot s'applique plutôt au dedans qu'au dehors des choses.

MAFLU , adj. *grasse , maflue et rebondie ;* ces synonymes que je trouve dans Lafontaine sont en rapport avec la signification lilloise du mot *maflu.*

> Des bielles fortes anches ,
> Maflus's à volonté. (B.-M.)

MAGUETTE , s. f. chèvre , *bique ,* et non biche.

MAIE , adj. mage, méchant , de *magus.*

> Jamé Pierrot ne fut si maie.
> . (B.-M. 3.ᵉ recueil.)

MALADIE JAQUETTE , mal sans importance , indisposition d'un homme qui s'écoute trop.

MALVA , un enfant tout *malva* est un enfant mal portant, qui se développe mal.

> Ichi ch'est grand-queva ,
> Vieux soldat malva.
> (Desr. — Curiosités lilloises.)

MAMULOT, endormi.

MANOQUEUX , adj. homme exerçant plusieurs états. Crispin , des *Folies amoureuses ,*

> Qui fait tous les métiers d'après le naturel ,

est un manoqueux.

MANQUER, v. n. Bilboquet définit parfaitement ce qu'on doit entendre par ce mot qui, dans le patois plus relevé de la bourgeoisie de Lille, signifie : faire faillite.

> Cabochard est en déconfiture , il a manqué...
> ATALA.
> De combien manque-t-il ?
> BILBOQUET.
> Il manque de tout... et le reste est pour ses créanciers.

MANUEL , pour Emmanuel , nom d'une cloche de la paroisse Saint-Etienne ; avant la révolution c'était la cloche du beffroi.

Quand nous étions petits enfants, les sons joyeux de *Manuel*, revenant de Rome, nous conviaient, le Samedi-Saint, à la recherche des œufs de Pâques, soigneusement cachés sous les livres de la bibliothèque paternelle, et sous les arbustes du jardin.

> Un avoit mis un' longue cordielle,
> Sitot qu'on a ouyt manuel ;
> Un a mis l'fu à unne fusée.
> (Vers naïfs)

MAQUA, s. m. on dit d'une femme bornée : *un gros maqua*.

MARAILLE, s. f. pour marmaille. Le mot s'applique cependant à un enfant pris isolément.

MARDOCHÉ, adj. affligé, meurtri.

MARGOULETTE, s. f. figure grotesque.

MARGOULIN, s. m. voyageur de commerce de bas étage.

MARIAGE (jeu de) ; on a un *mariage* quand on réunit dans ses cartes le roi et la dame de la même couleur ; on marque deux jeux quand on a le *beau mariage*, c'est-à-dire, le roi et la dame de la couleur de la retourne. Lorsqu'on voit deux époux bien unis on dit : *marquez deux jeux, voilà le beau mariage.*

MARIOLLE, adj, malin, rusé.

MARNIOUFFE, s. f. coup, taloche.

MARONNE, s. f. culotte ; vêtement mâle, de *mas*.

> Si tes maronn's quett', mets des bertielles.
> (Vieille chanson.)

MARRON, adj. (être) être trompé.

MASSE, s. f. (jouer à la). Il y a la *masse à l'être* qui consiste à se tenir en faction près d'un bouchon que l'on doit relever chaque fois qu'il est abattu par les palets des joueurs, jusqu'à ce qu'on ait saisi un maladroit, le palet levé ; et la *masse à porter à blo ;* dans ce dernier jeu, celui qui a renversé le bouchon s'éloigne à reculons, et le patient doit relever le même bouchon, et poursuivre le fuyard qu'il rapporte sur son dos jusqu'au point de départ.

Mastelle , s. f. sorte de gâteau plat à l'anis ; ainsi nommé de l'ancien mot *gastel* , gâteau.

Mat , Mate , adj. fatigué , sans force ; de l'allemand *matte* ; peut-être du grec ματτειν , dompter ; se dit en français d'une couleur sans éclat.

Maton , s. m. on appelait ainsi autrefois le lait caillé. On donne le nom de maton à une substance qui se forme quand la bière se décompose.

Mécoule , s. m. poltron.

Méquaine , s. f. servante. On disait autrefois *mescin* d'un jeune garçon , et *mescine* d'une jeune fille.

Metier-maite (jouer à) , c'est le jeu des métiers en action. La société se divise en deux bandes dont l'une exerce et l'autre devine.

Le dialogue suivant précède invariablement l'action :

— Bonjour maite !
— Queu métier qu' vous faites ?
— Le métier de bernatier , vous l' verrez quand y s'ra fait.

Mi , pron. moi ; au datif, c'est une contraction de *mihi*.

Mie , employé comme particule dubitative et négative dans ce sens : *je n'en veux mie* , est le substantf *mie , mie de pain* , exprimant l'idée de peu de choses, comme un *pas , passus* , — un *point , punctum* , qui , de substantifs , sont aussi réduits , par la dérivation de notre langue , à l'emploi de particules négatives.

Mier , v. a. contraction , pour manger.

Il faut mettre des habits noirs ,
Mier noir et q.... noir,
No duc d'Avrée est mort.
(Deuil des Tourquennois.)

Minck , du flamand *myncken* : diminuer ; lieu où l'on adjuge , au rabais, les poissons frais. Le lot est obtenu par la marchande qui interrompt la première la série descendante des prix, en criant : *mynck*.

Minou , s. m. toute espèce de fourrure.

Mitan , s. m. centre , milieu. Ce mot est, suivant Ducange, une con-- traction de *medietaneus* ; M. Escallier le fait dériver de *medio stans*.

Moise , adj. pour moite , humide.

Mon , syncope pour maison ; je vais à *mon* Dubois.

Monteuse de modes , s. f. marchande de modes.

Mordreur, s. m. assassin, meurtrier.

Moreau , cheval de couleur de mure , *morellus*. Il y a à Lille une rue du Noir-Moreau, ainsi nommée d'une enseigne.

Morgues , s. f. p. grimaces ; mauvaises façons.

> Veant qu'elle voulait faire des morgues ,
> No roi a fe juer les grosses orgues.
> (Vers naïfs.)

Mouchon , s. m. moineau , du vieux français *moisson* , *moissonnel*, et par syncope , *moisnel*, d'où moineau.

Moufle , s. f. gros gant fourré ; *recevoir ses moufles*, être congédié. On dit notamment d'un amoureux éconduit : *il a reçu ses moufles*.

Mourmoulette , s. f. grosse moule ; crachat.

Mousse , s. f. moue , de *musel , mousel* , museau ; *faire la mousse* , bouder.

> Sans nous fair' la mousse y répond ,
> Pour chin qu'ell' vaut pernez m'canchon.
> (Desr. — Le vrai Garchon Girote).

Moustafia , s. m. *emmoustaché , Mustapha* , personnage turc.

> Hélas ! cheti là ,
> Aveuque ses moustaches de cat ,
> L' moustafia , ˜
> Dans l'puriau m'entraina.
> (Chanson sur la joie des paysans des environs de Lille, après le départ des hussards du camp de Cysoing.)

Mouveter , v. n. faire un mouvement , *movere*, s'emploie plus fre- quemment dans le sens négatif : *il n'ose pas mouveter*.

Mouviar, s. m. sournois. C'est, je crois, le nom populaire d'un oiseau.

Mucher, v. a. cacher ; de *musser*, *mucer* ; bas latin, *mussare*. M. Escallier fait dériver ce mot de *mus* , rat , souris , taupe.

Les soldats appellent *musette* un petit sac en dehors de leur équipement.

Une rue de Paris , où l'on reléguait autrefois les filles perdues , portait le nom de *Pute-y-Musse*. Elle est devenue, par corruption, la rue du *Petit-Musc*.

Les enfants qui , en jouant *à mucher*, cherchent leur camarade, chantent en chœur :

> Much'te ben , j'cache après ti ,
> Si j'l'attrap', te seras pris.

Much'ten pot (en), adv. en cachette.

N

Nactieux, adj. dégoûté , qui a de la répugnance à manger certaines choses , ou avec certaines gens.

> Faut nen ette si nactieux.
>
> (B.-M. — Garchon difficile.)

Nageoires , s. f. p. larges favoris.

Nen , particule négative *ne*, suivie de la consonne *n* , employée euphoniquement.

Nicdouille , s. m. jocrisse , bêta.

Nieulle , s. f. pain d'hostie.

Nique-Naque (faire) , locution , se dit des fripiers qui , après s'être entendus dans les ventes publiques d'objets mobiliers , pour ne pas se démonter, partagent ensuite entr'eux les bénéfices.

Le jeu de *nicque et nocque* figure parmi les amusements de Gargantua.

Nobiliau , s. m. petit noble ; hobereau.

NOBLE-ÉPINE , s. f. aubépine.

NOM-JETÉ, sobriquet.

NOQUET, s. m. cadenas.

NULWART , nulle part.

NUNU , s. m. homme à petites idées.

Ce mot est pris aussi dans le sens de bagatelles.

> Pierrot quoiche que te m'racont'rois,
> Des nunus, des concontes?
>
> (Pierrot et Margot.)

O

OEUILLARDE , s. f. trace d'un coup à l'œil : *œil au beurre noir*.

OLIEUR , s. m. ouvrier travaillant aux moulins à tordre huile.

OPÉRA , s. m. *c'est un opéra*, se dit à-propos d'une chose qui présente quelqu'embarras.

Être à l'Opéra , c'est se trouver dans l'obscurité par la maladresse d'un moucheur de chandelle.

OSOIR , v. pour oser; *et osoir 1* de l'espagnol *osar*.

OTIEU , s. m. outil.

OTIEU , s. m. un homme qui n'est propre à rien; on dit par ironie : *Un fameux otieu !* ce mot doit venir du latin *otiosus*. (Malherbe).

OTIL, s. m. outil, c'est le nom donné par antonomase au métier à tisser.

OUTRE (tout), locut. du latin *ultra; un homme tout outre*; on appelle ainsi un homme d'une capacité supérieure. On trouve cette locution dans Robert Estienne , avec le sens de *complètement* , et dans les mémoires de Montluc :

> « Capitaines, mes compagnons, quand vous serez à telles noces, pressez vos gens , parlez à l'un et à l'autre , remuez-vous , croyez que vous les rendrez vaillants *tout outre,* quand ils ne le seraient qu'à demi. »

OUVRER , v. a. travailler ; *operari*.

P

Pacoul, s. m. paysan.

Pacus, s. m. lieu de dépôt pour les grains destinés à être vendus au marché.

Paf (être), locut. être surpris, interdit.

Pain-Crotté, s. m. appelé aussi *pain-perdu*; tranches de pain sau-tées dans la poêle avec du beurre, après avoir été trempées dans le lait. C'est un mets des jours gras ; on le saupoudre de sucre gris ou blanc.

Pains-Perboles, s. m. p. petits gâteaux de pain-d'épice fabriqués l'occasion de la première communion, et distribués par les jeunes communiants aux enfants qui les suivent dans les rues en récla-mant *des indulgences*.

J'avais pensé d'abord que ce mot *pain - perbole* pouvait être une contraction du mot *pain parabolique*; ainsi donnés, sous forme d'indulgences, ces gâteaux me paraissaient une tou-chante réminiscence du mystère qui vient de s'accomplir à la sainte table; mais un examen plus attentif m'a fait retomber de toute la hauteur de ma fiction dans la sévère réalité : ce mot signifie tout simplement : boule de pain-d'épice ; du flamand *piper*, poivre, épice...

Panchu, adj. pansu, qui a une grosse panse.

Pandour, s. m. jeu de cartes.

Pantaliser (se), v. p. se donner des aises; se prélasser.

> Ch'est li qui fait l'soupe et l'café,
> Et s'biell' madamm' qui s'pantalisse,
> L'appell' dégourdi sans malice
> (Desr. Jacqo l'balou.)

Paour, s. m. de *pavor*, peureux ; nom donné aux paysans par les Lillois.

PAOURE, pauvre, est dans Rabelais.

PAPART, s. m. poupart; figure de jeu de cartes. *Un grand papart lolo.* c'est l'enfant qui a des goûts au-dessous de son âge.

PARCHON, s. f. portion héréditaire.

PARJURÉ, s. m. octave de la Fête des Rois, appelés ce jour-là *Rois-brouzés.* C'est une parodie de la cérémonie. Les ouvriers vont, le lundi qui suit les Rois, dans toutes les maisons pour lesquelles ils ont travaillé pendant l'année, réclamer des *pour-boire* qu'ils dépensent en conscience.

PATAGONS, s. m. p. monnaie, espèces. Le patagon valait 52 sols.

PATAR, s. m. monnaie de cinq liards; les ouvriers filtiers comptent encore avec leurs patrons par patars. On dit aussi *patac* (Rabelais), d'où *patagon.*

PATIAU, s. m. patée pour les oiseaux.

> Aux petits des oiseaux il donne la.... pâture.

PAYELLE, s. f. poêle à frire, c'est l'enseigne d'un hôtel de Lille.

PERSIELLE, s. f. persicaire, fleur bleue, du vieux français *pers,* bleu.

PERTELER, v. n. péter.

PERTELIER, ÈRE. qui a l'habitude des incongruités.

> Queu malheur! min baudet y est fin pertelier.
> (F.-C. Le Tourquennois et le Lillois sorcier)

PETIT-CLERC, s. m. enfant de chœur.

PETITS-PLAIDS, tribunal de simple police où se jugent les contraventions aux arrêtés municipaux et les rixes de peu d'importance; de *placitum,* lieu où se tenait l'assemblée.

PEUN, s. m. pomme.

PEUNIQUE, s. f. épaisse marmelade de pommes.

PEUN'TIERRE, s. f. pomme de terre.

PICHE (faire du), locut. défier quelqu'un, se montrer plus hardi.

> J' pari, que j'vas vous faire du piche
> (Desr., le Revidiache.)

Piche-pot, s. m. pot de chambre. Il y avait à Lille une rue des *Quinze-Pisse-Pots*, dont on a fait pudiquement la rue des Quinze-Pots.

Pichon, s. m. poisson.

> Il y en a ben des monsieurs à Lille qui ont des noms de pichon.
>> (Réponse de la pichonneresse à Pierre-Joseph Delbasse Deule qui vettiait après un pichon qui s'appelle comme un monseu.)

Pichotière, s. f. réservoir d'urine.

Pichou, s. m. lange d'enfant. On emploie aussi le mot *pichou* adjectivement, pour exprimer l'état d'une étoffe qui a changé de nuance par suite d'un contact avec l'urine, et qui ressemble au lange spécial, dit *pichou*.

Pied-d'agache, jeu de marelle où l'on se tient sur un pied.

Piedescaux (aller à), locut. marcher pieds nus comme les Carmes déchaussés ou déchaux,

> Pour qu'ell' cesse m' disgrace,
> J'y cour' à pieds-décaux.
>> (Desr. — Lundi de Pâques.)

> Donné-m' des sorlés à sin point,
> Y faut bien qui d'heuch' des nouviaux,
> Car y va tout à pieds décaux.
>> (B.-M. — Le Savetier et la Paysanne).

Piedsante, s. f. sentier, *pedis semita*.

Pile, s. f raclée; *donner une pile à quelqu'un*, c'est le battre à outrance.

Pierrette, s. f. noyau de fruit.

> Mangeant jusqu'à les pierrettes
> Et même les queues.
>> (B.-M. — Un Tourquennois qui a fait la gageure de manger plus de prunes qu'un cochon.)

Pinderlots, s. m. p. boucles d'oreille.

Pinteux, s. m. qui aime à *pinter*, à boire.

PINTEUX, peintre.

> Ch'pinteux in pintant diu , y est mort tout in un cop.
>
> (Légende tourquennoise.)

PIQUE-PIQUE, s. m. genièvre; liqueur forte.

PITEUX, s. m. p. on appelle ainsi les parasites étrangers qui viennent à la ducasse, du latin *pietosus ;* ils étaient *pieux* quand ils venaient, soutenus par leur foi, à la dédicace d'une église, ils sont des *piteux* quand ils ne viennent à la ducasse que pour y manger de la tarte.

PLAT-FIEU, s. m. pied plat ; homme sans dignité.

PLATINE, s. f. babil ; bonne langue ; chandelier fiché sur un plateau.

PLÉNURES, s. f. p. planures, copeaux ; le peuple dit : *d'zéplenures.*

PLEUVE, s. f. pluie, de *pluvia.*

PLUQUER, v. a. manger comme un oiseau, à petites bouchées.

POCHER, v. a. presser avec le pouce, du vieux français *pochier,* *pollex*, pouce.

POCHEUSE, s. f. femme qui remet les os *démis ,* rebouteuse.

POCHON, s. m. poinçon; poisson, mesure de liquide, d'où vient le nouveau terme d'argot : *pochard. Pochon ,* noiret résultant d'un coup.

POMPÈTE, locut. *être un peu pompète ;* être en belle humeur, en gaîté par l'effet de la boisson.

Ce mot, que l'on trouve dans Rabelais, tire son origine des élévations et rougeurs qui naissent sur le nez des ivrognes comme des pompons de femme.

PONTIFICAT (venir en grand), locut. venir avec pompe, en grande cérémonie.

> Men vieux père
> Est intré hier à l'hopita ,
> Conduit en grand pontificat
> Par ses infants, s' femme et ses frères.
>
> (Desr. — Casse-Bras.)

PORETTE, s. f. poirette, espèce de toupie. *Un ventre à porette*, c'est un ventre en pointe.

> L' bon air m'a tell'ment engraissé,
> Que m' panche est dev'nue à porette. (Desr.)

PORTELETTE, s. f. porte d'agrippin.

POSTURES, s. f. p. statues de plâtre qui ornent les jardins ; figures de cire.

POUFRIN, s. m. petite braise, poussière incandescente à laquelle on allume le tabac ; poudre, pulverin, de *pulvis*.

> Ses murs on queu en poufrin.
> (Vers naïfs.)

POUMONIC, adj. poitrinaire, qui crache ses poumons.

POURETTE, s. f. poussière.

POURLEQUER (se), v. p. se lécher, se délecter.

PRESTEMENT, adv. syncope pour présentement ; on voit encore sur des tableaux : *Maison à louer prestement*.

PREUME, adj. premier, par abréviation.

PROUSSE, locut. contraction de prouesse ; *faire prousse*, se vanter ; *être en prousse*, être monté, se mettre en colère.

PURGER, v. n. faire un temps de stage avant d'être admis dans une société d'ouvriers. C'est un vieux mot de la langue du droit qui s'applique encore dans un sens actif à la contumace et aux hypothèques.

On raconte que certains dignitaires des sociétés lilloises, interprétant l'expression dans un sens trop exclusivement pharmaceutique, faisaient prendre une médecine préalable à leurs malheureux candidats.

PURIAU, s. m. réceptacle de l'urine des vaches, de *pute-eau*, eau puante.

PURIN, locut. sans mélange ; *chétot tout purin ;* se prend en mauvaise part.

Q

QUARTERIER, adj. chartrier, de *carcer*, se dit d'un vieillard impotent, emprisonné par ses infirmités dans son fauteuil.

> Malheureus'mint, j' su's cloée su m' caïère,
> A tout moment j' crains d' d'venir quarterière.
>
> (Desr. — Le Broquelet d'autrefois.)

QU'AS-TU-LA ? nom donné aux employés des contributions indirectes, tiré de leur formule interrogative.

QUEMENIAU, s. m. manteau de cheminée.

QUENECQUE, s. f. petite bille en terre cuite. Quand on veut se débarrasser d'un enfant importun on l'envoie *juer à quenecques*.

QUENNETOUSSE, s. f. quinte-toux.

> J'ai su de l' fill' à ma rousse
> Qu'il avot attrappé l' quenn'tousse.
>
> (B.-M. — Le Mari mort et oublié).

QUER (avoir) avoir cher, aimer ; c'est un hellénisme.

QUERRE, v. a. chercher, de *quærere*, quérir.

QUERTIN, s. m. panier ; muselière d'osier.

> L' savetier a pris sen tirepied d'un' main,
> La femm' elle a pris sen quertin.
>
> (B.-M., Le Savetier et la Paysanne.)

QUEUCHE, s. f. tranche de pain d'épice, ainsi nommée de sa forme qui la fait ressembler à une pierre à aiguiser, appelée en vieux français *queux*.

> Je suis comme la *queux* qui les couteaux aiguise,
> Encore qu'à couper nullement elle duise.
>
> (Rob. Estienne, Precellence.)

QUEUETTE (faire), faire l'école buissonnière ; on dit aussi : *faire bis*.

QUEURE , v. n. choir, tomber , de *cadere ; queure en deux* , accoucher.

> Vett' mi , tous l' s ans
> Ch'est un infant ,
> Et m' femm' est encor' prête à querre.
>
> (Danis. — Le Retour d'André).

QUEUTE , s. f. bière.

QUIN QUIN , s, m. nom d'amitié qu'on donne à un enfant gâté.

QUIOU , s. m. pain de moine , pet de nonne, chausson de pâte commune renfermant une grosse poire cuite.

R

RABROUER , v. a blâmer. tancer vertement dans un sens de riposte.

RAC (être en), locut. qui s'applique plus particulièrement aux voituriers arrêtés par un accident.

RACAILLE , s. f. canaille. Ces deux expressions ont pour racine le mot chien.

RACHEMER , v. a. coiffer. Ce mot , dans l'ancien langage, paraît avoir signifié aussi habiller.

Rabelais appelle *achemeresse* une femme de chambre.

Cependant nous trouvons dans Jean Lemaire :

> Quand la déesse eut mis bas ses habits et achesmes.

Cette distinction entre habits et *achesmes* ferait croire que le mot *achesmer* , d'où *rachemer*, doit être pris dans le sens de coiffure. Les femmes de chambre d'ailleurs sont les coiffeuses.

La soubrette des Jeux de l'amour et du hasard , de Marivaux, avait , si l'on en croit Bourguignon , *la main qui sentait fort la pommade.*

Nous pourrions citer plusieurs passages de Brûle-Maison où le mot *rachemer* est pris dans ce sens :

> Bien rachemé d'un fin dentelet.
>
> . (L'Amant pressé.)

Il y a d'ailleurs une locution qui coupe court à la controverse. On dit : *Rachemer* Sainte-Catherine ; or, les malheureuses filles vouées au célibat, *coiffent* évidemment la sainte, elles ne *l'habillent* pas.

RACCROC, s. m. raccroc de ducasse, de noce : reprise de la fête, du dîner ; sorte d'octave culinaire.

RACCUSÈTE, adj. rapporteur ou rapporteuse, terme d'écolier. Les enfants disent du camarade qui les dénonce :

> Raccusète de pâté,
> Trente-six pour un pet.

RADE, adv. du latin *rigidus*, radement, vite, vitement ; *tout rade*, *tout son plus vite.*

> Marions nous radement. (B.-M)
> J'oie un rinchinchin
> Nous y rentrons bien rade.
> (Promenade lilloise.)

RAGENTILLER, v. ac. embellir, restaurer, mettre en bon état.

> Grâce à nos povriseurs,
> Nous somm's ragentillés.
> (1853. — La société du Grenadier-Lillois.)

RAMENTUVOIR, v. ac. rappeler, remettre en mémoire.

> Ne ramentuvons rien et réparons l'offense.
> (Molière. — Dépit amoureux.)

RANG D'OGNONS (en), locut. en ordre de bataille, comme des oignons dans un parc.

RANDOUILLER, v. n. aller à la recherche avec curiosité et indiscrétion dans un ou plusieurs lieux (Brun-Lavainne). Aller et venir sans motif sérieux, apparent.

APPE, s. f. rave, radis, navet.

RAQUER, v. n. cracher.

RECUENER, v. n. littéralement *rediner*, *recœnare*, se dit à la campagne, à propos du repas après le dîner, appelé le goûter.

Récurer, v. a. écurer, nettoyer en frottant avec du grès.

Redoubleuse , adj. fileuse en gros.

Régerot, adj. pour légerot, léger, *qui n'a point sin poise.*

Rémola , s. m. gros radis noir.

Requinquer (se) v. p. se rapproprier ; s'endimancher (Rabelais) ; être *requinqué*, se dit de quelqu'un qui paraît plus soigné que de coutume dans sa mise.

> Quan qu'elle a du nett' linge
> Y faudrot la vir r'quinquée.
> (Le Portrait de la fille à marier.)

Retramer , v. a. retramer les vaches , leur mettre une nouvelle litière.

Reü , adj. à bout de raisons. Ce mot vient , suivant les uns de *reus* , accusé : *habemus confitentem reum.* Suivant les autres , il n'est qu'une contraction de *redditus* , rendu.

> T e m' rends reü par tes raisons.
> (B.-M., Le Savetier et la Paysanne.)

Reveleux , adj. vif , récalcitrant; reveleux , rebelle, qui se mutine. (Rabelais).

> Il est si revelen
> Qu' pour pouvoir l'attrappé ,
> Il faudrot sur se queu
> Pouvoir mettre du sé.
> (B.-M. — Eloge des oiseaux de Tourcoing).

Revieler, pour résister, est dans le roman de Renard.

Rewidiage, s. m. relevailles de couches. Cette expression énergique n'a pas besoin d'explication.

Rewidier , v. a. vider.

Ric a ric. tout de suite.

> (Farce de Pathelin.)

RICDOULLE , s. f. ribote.

> Un s'entend pour unn' ric-doulle ,
> Qu'un f'ra l' diminch' qui suivra ,
> Un fait provision d'andoulle
> D' pains français pou ch' grand gala.
>
> (Danis. — Le Grand gala.)

RINCHINCHIN, onomatopée , crincrin du violon. Ce mot prononcé dur comme *rinquinquin* est employé par les enfants pour exprimer l'état d'un cheval qui hennit et piaffe ; *il fait son rinquinquin.*

ROGIN, s. m. raisin.

> No roi a l' visage plein ,
> Y s' port' comme un rogin.
>
> (Vers naïfs).

ROGNEUX, adj. teigneux ; s'emploie aussi pour chétif.

> Ch' petit rongneux d' life.
>
> (Desr. — L'Almanach de poche).

ROGNONS (jouer aux), c'est une variante des jeux du *saut de mouton* et du *cheval fondu. Aux rognons*, le cheval, loin de se fondre et de se dérober sous le camarade qui le franchit , reçoit sur les reins tous les joueurs qui successivement s'accumulent les uns sur les autres jusqu'à extinction de force.

RONDELLE , s. f. tonneau de bière.

ROSTE , adj. saoul.

ROUDOUDOU, onomatopée ; tambour.

Les enfants vont, à la retraite, entendre les *roudoudoux.*

> Je vais vire ches roudoudoux
> Aveuque tous ches milices.
>
> (B.-M. — Le Tourquennois engagé milice.

ROUSTI , adj. roussi , grillé.

> Il est cuit et rousti.
>
> (Desr. — Le Moulin Duhamel.)

ROUVELANT, adj. *rubescens* , frais. *Rouvelant comme une rose.*

RUAU , s. m. rigole. *Ruauter*, creuser des ruaux.

Ruer, v. a. renverser; *ruer ju*, jeter par terre, pour *rouer,* assommer, abattre. (Rabelais).

Rufflette, s. f. pelle en bois pour enlever les ordures. On dit qu'*un homme est riche à reuffler*, pour exprimer qu'il peut remuer les écus à la pelle.

Ces mots dérivent de rafle, rafler, qui impliquent l'idée d'un enlèvement énergique et complet.

Ruque, s. f. motte de terre.

Ruse, s. f. embarras. *Avoir des ruses avec quelqu'un.*

S

Saboule, s. f. semonce, réprimande.

Saclet, s. m. petit sac.

Sahuteau, s. m. ouvrier qui tisse une étoffe appellée *saie*. Il y a à Lille une rue *des Sahuteaux.*

Saie, s. f. du latin *sagum* ; étoffe de laine.

Saint-Pierre, *faire Saint-Pierre par nuit*, locut. déménager furtivement.

Saligot, s. m. diminutif de salop.

Sansonnet, s. m. petit convoi mortuaire où les cloches de l'église ne sonnent pas.

Saquer, v. a. tirer ; vient de l'espagnol, *sacar*.

Sauret, s. m. hareng saur.

Satibleu, juron local.

Savaie ? pour savez vous? se trouve dans le français du moyen âge.

Savés comment que il adoint ?
(Robert, fables inédites.)

On l'employait fréquemment dans le langage usuel sous Louis XIII et Louis XIV.

Secous, pour secoué , participe.

> Sans estre esbranlé ne secous.
>
> (Marot.)

Seglout, s. m. hoquet.

Sequoi ou **desequoi** , vient de : *Je ne sais quoi* , et veut dire : un objet quelconque , quelque chose.

> Je n' poros point tout vous dire ,
> Tous les sequois que j'ai r'marqués.
>
> (Carnaval de 1852, société de la descente de Fives)

Set? sais–tu ? apocope, locution qui , sous forme interrogative, est très-fréquemment employée pour confirmer un dire quelconque ; la locution plurielle , *savaie?* qui a le même sens , est moins familière.

Seyu, s. m. sureau. Contraction de *sambucus*.

C'est avec la tige de cet arbuste , vidée de sa moelle, que les enfants fabriquent leurs *claquoirs*.

> Au bout de cest courtil, droit dessous un seur.
>
> (Merlin-Mellot.)

Si fait , particule plus affirmative que si.

Par opposition on dit *non fait ,* ou *noufé* pour indiquer plus énergiquement la négation.

Snu , s. m. tabac à priser ; de l'allemand *tabac schnuf*.

> J'ai poivré l' soup' de m'mère ,
> Aveuc un' demi onch' de s'nu.
>
> (Desr., Patrice.)

Solent, adj. pour insolent.

Son , s. m. contraction de sommet. *Au son du clocher*, pour au sommet du clocher.

> En sum la tur est montée bramidone.
>
> (Roland)
>
> J'ai infilé l'cachette à l' pichotte ,
> Je d'avois jusqu'au son des hottes.
>
> (B.-M., Coulon de Ferdinand.)

Sorlet , s. m. soulier.

.

(89)

SOUCARD, SOUCARDE, adj. sournois ; homme ou femme qui regarde en-dessous ; de l'espagnol *cara*, visage.

SOULAS, s. m. soulagement, de *solatium*.

> Te peux faire men soula.
> (B.-M., Plainte amoureuse.)

SOULOT, SOULOTTE, adj. qui se livre habituellement à l'ivrognerie. Il est rare qu'un homme ivre, se hasardant à parcourir les rues de Lille, ne soit pas immédiatement et incessamment accueilli par le cri populaire : *Eh soulot !!* qui l'agace et l'irrite au dernier point, malgré la débonnaireté de l'ivresse causée par la bière.

STOFFÉ, fromage à la crème ; du *mostoffé*, c'est du fromage mou. *Stoffé*, pour *tot fait*, fabriqué promptement.

SURGÉ, s. m. supplément, addition de quelques gouttes de genièvre au petit verre bu le soir, en famille, après le souper.

SURGEON, s. m. eau sauvage, source qui surgit, de *surgere*.

T

TABAC DE BAUDET, locut. *Prendre du tabac de baudet*; regarder le soleil pour éternuer.

TABLETTE, s. f. Petit carré de sucre gris.

> Un' a chuché buvant l' café,
> Deux douzaines de tablettes. (Desr.)

TALIBUT, s. m. grosse tarte.

TALO, s. m. courtaude, femme disgracieuse.

TANNANT, part. prés. vexant, tourmentant.

TAT'MÉ GLAINE, s. m. tâte mes poules, sobriquet donné à l'homme qui s'occupe trop minutieusement des soins du ménage.

TATOULE, s. f. volée de coups.

> Vilain' claque, méchant' toutoule,
> Si j' m'y mets j' te donne un' tatoule.
> (Desr Brûle- Nicaise)

Tarin , s. m. verre de bierre ou de vin.

Tartine , s. f. tranche de pain beurrée.

Tasser , v. a. pour tâter.

> Il a tassé dans sin saclet.
>
> (B.-M , Hussards du camp de Cysoing.)

Taudion , s. m. taudis , réduit.

> Enfin ch' nouviau Grégoire
> A r'gagné sin taudion.
>
> (Desr., l'Ivrogne et sa Femme.)

Taur , s. m. taureau.

Tayon , s. m. aïeul , *atavus* , dont le diminutif est *atayolus* , d'où *taïon*. On trouve dans le testament de Villon *taye* et *tayon* pour grand'mère et grand'père

Teiquer , v. n. tousser souvent , par une sorte de *tic*.

Telle , s. f. vase en terre plus large que profond où l'on dépose le lait.

Tempête , s. f. jeu, en rouchi *topête*, mot qui peint mieux l'action. Le jeu consiste à lancer de plat une pièce de monnaie contre un mur, de manière à la faire retomber le plus près possible d'une autre pièce posée à terre. On mesure les distances avec un fétu de paille. Ce jeu a eu longtemps à Lille une vogue égale à celle de la *Morra*, à Naples.

> Sur l' mur quand qu' chest à l' tempête ,
> J' buqu' avec tant d' ménagemint ,
> Qu' j'infonce toudis mazequette.
>
> (Dams, Bastien.)

Tempe et tard , tôt et tard , de *tempore*.

Ter , adj. tendre, fragile; du latin *tener* et du grec τερην.

Terluire ou Treluire , v. n. faire plus que luire ; éclater. La syllabe *ter* est augmentative

Tertous , Tertousses , par transposition de très-tous , composé de *tous* et de la particule *très*, qui communique aux adjectifs une valeur superlative ; il est dans Rabelais et dans Montaigne.

> Dame, dist-il, Dieu qui tout voit,
> Vous doint sainte et bonne vie,
> Et *trestoute* la compagnie.
> (Raoul de Coucy.)

Ter vient du latin *ter*, comme *très* vient du grec τρεῖς, trois fois. Nicot et M. Ampère font dériver *très* de *trans*.

THÉRO, nom propre pour Thérèse.

TIGNASSE, s. f. chevelure mal peignée.

TILLIACE, adj. dur, coriace, filandreux.

TIMBLET, s. m. exercice gymnastique des enfants.

TOMBAC, s. m. similor.

TORTENER, v. n. ne pas aller droit ; tourner autour du pot.

TOUBAQUE, s. m. tabac à fumer.

TOUDIS, adv. toujours ; *tota die.*

TOUILLER, v. a. embrouiller ; de *tout lier.*

TOUPIELLE, s. f. porte du four à cuire le pain.

TOURLOURETTE, s. f. jeune fille étourdie.

TOUTOULE, s. f. une femme sans ordre, qui mêle, *qui touille tout.*

TRANAINE, s. f. trèfle.

TRANNER, v. n. trembler.

TRIBOULER, v. n. aller, venir ; *se tribouler*, agir à sa façon. *Laissons-le se tribouler*, s'emploie à l'occasion d'un homme qu'on abandonne à ses propres ressources. Il est dans Rabelais avec le sens de bousculer.

TRIBOULETTE, s. f. verre qui contient une pinte de bière.

TRIFOUILLER, fouiller avec désordre et profondément.

TRIMBALLER, v. n. aller çà et là sans motifs.

TRIMER, v. n. armor. *tremen*, aller d'un endroit à l'autre. Ce verbe s'emploie plus fréquemment dans le sens d'un travail forcé.

TRINQUEBALLER, v. a. transporter avec embarras des personnes ou des choses dans des endroits différents.

TRIPETTE, s. f. terme de mépris. *Cette femme ne vaut pas tripette.*

TRONDELER, v. n. courir d'une manière un peu vagabonde, flâner; envoyer quelqu'un *à l'trondièle*, c'est lui faire faire une course inutile, quelquefois désagréable. Les domestiques crédules vont *à l'trondièle*, quand, le 1.er avril, ils sont envoyés par de mauvais plaisants chez les marchands de drap, où ils demandent *des lunettes de pinchina*, ou chez les pharmaciens, où ils demandent *du sirop de baudet.*

TROUSPETTE, s. f. vilaine petite fille qui fait des embarras.

TROYELLE, s. f. truelle; il existe un cabaret célèbre sous ce nom à Wazemmes, vis-à-vis de la Vieille-Aventure.

V

VACLETTE, s. f. vase qui renferme la braise où l'on allume le tabac.

VALETER, v. n. pour volter, tourner, *volutare*, aller à droite, à gauche. On attache à ces mots : *faire valeter quelqu'un*, une idée d'assujettissement, de *vassalité.*

VEANT, participe de *veoir*, voir.

> Che viau véant sin maite.
> (B.-M , le Paysan de Fleurbaix.)

> Se il ne pot derainer per 11 entendable homme del plaid, oant et veant.
> .. *S'il ne peut prouver par deux hommes du plaid dignes d'être entendus, entendant et voyant...*
> (Lois de Guillaume le Conquérant XXVIII.)

VERDI, contraction pour vendredi.

VERDURIÈRE, s. f. paysanne qui apporte les légumes au marché de

Lille ; les verdurières sont remarquables par la forme du chapeau qui les garantit de la pluie et du soleil.

VÈREUX , s. m. enfant à figure pâle , qui paraît avoir des vers.

VERVESSOU , s. m. pisse froid , pince sans rire.

VETTIER , v. a. regarder, de *videre*. *Vet ch'l'homme !* Regarde cet homme !

VÈPRE , s. f. soir, du latin *vesper*.

VIEUX-HOMMES (hospice des), établissement qui reçoit les anciens bourgeois de Lille tombés dans l'infortune.

VIGIN , s. m. voisin , de *vicinus*.

VINAIGRETTE , s. f. caisse de voiture reposant sur deux roues et trainée entre deux brancards par un homme que le peuple appelle *cheval chrétien*.

> Craignant d'user ses pieds , din eun' vinaigrette
> Ell' se faijot mener par un queva chrétien. (Desr.)

C'est l'ancienne chaise à porteur devenue roulante. Le nom de ce véhicule lui vient de l'analogie qu'il présentait dans le principe avec la brouette des vinaigriers.

VINGNERON , nom d'une cloche qui donnait le signal de la retraite.

> Il est trop tard le vingneron est sonné.
>
> (Prov. lillois.)

VINGT-HOMMES , corporation de portefaix , chargés de vérifier le poids des colis au déchargement des bateaux sur le rivage.

Le peuple , toujours narquois , a longtemps qualifié du nom des *Vingt-Hommes* , la garde nationale à cheval, à raison de la faiblesse numérique de son effectif.

VOIE (être en , être en route , être dehors. Cette locution dérive de l'ancienne prononciation , *je m'en voys* , pour je m'en vais.

> T'embrassant en mon sein pour la dernière fois ,
> Car là bas aux enfers , adonis, tu t'en vois.
>
> (Ronsard.)

W

WAINIER, miauler.

WARRAS, s. m. p. faisceaux de paille de fèves qui servent de litière aux vaches.

WIDIER, vider, sortir.

Z

ZÈGRE, adj. étroit, mesquin, pauvre. gueux.

Des rich's, des zègr's, des drots. d'zernés. (B -M)

ZÉZÉ, s. m. un homme à petites idées, qui *zézaie.*

TABLE.

TABLE.

A

B

Bisquer.
Bistoquer.
Bistoule.
Blanc-bonnet.
Blasé.
Bleuets.
Bleusses.
Bleu tôt.
Blo.
Bobineur.
Boni (avoir).
Bonniquet.

Boquillon.
Bornibus.
Boubou (faire).
Boucan.
Boujon.
Bourler, jouer.
Bourler, tomber.
Bourler court.
Bourlette.
Bourseau.
Bouter.
Brader.

Braderie.
Brafe.
Braire.
Brebigette.
Brelles.
Briffe.
Brinbeux.
Briscader.
Brochon.
Brondeler.
Broquante.
Broquelet.

Broquer.
Broquet.
Brouzé.
Bruant.
Buisse.
Buquer.
Buresse.
Burguet.
Busier.

C

Cabas.
Cabujette.
Cabus.
Cacher.
Cachiveux.
Caconnes.
Cadot.
Cafouiller.
Cafouillage.
Cafotin.
Caïere.
Calé.
Camanette.
Canada.
Canarien.
Candelé.
Candeliette.
Capageoire.
Capenoule.
Capiau.
Capon.
Caracole.

Carafien.
Carton.
Catimini (en).
Catou.
Cauches.
Cense.
Censier.
Chifflotiau.
Chip en chop (aller de)
Chipoter.
Chiquer.
Chloffe (aller à).
Choaine.
Choulet.
Chuche.
Clacheron.
Claque.
Claquoir.
Cliques et claques.
Clique-talon.
Clouches.
Codac.

Coenne.
Coicher.
Coqueleu.
Corinche.
Cosette (un petit).
Costiaux.
Cotin.
Cotron.
Couet.
Couillon.
Couillonnade.
Coulière.
Coulon, pigeon.
Coulon (nom prop.)
Couque-baque.
Courtillage.
Courtilleu.
Court-mois.
Coyette (aller à l').
Craché.
Crachez.
Craine.

Cramillie.
Cranpi.
Crape.
Crapeux.
Craquelin.
Craquelot.
Crasseux.
Cren bouli.
Crevassin.
Crevé.
Crincu.
Cron.
Croquant.
Croque.
Croque-poux.
Croquet.
Croques.
Crou-crou.
Croustous.
Cruau.
Curisse.

D

Dache.
Dachot.

Damage.
Danobis.

Daquoire.
Daron.

Daronne.
Darus.

Daruse.
Daser.
Debout.
Décarocher.
Dédicace.
Déesse·
Défunquer.
Dégaine.
Dégobiller.

Dégrioler.
Dégrioloire.
Dégueuler.
Déloqueté.
Déloufer.
Démélage.
Démépriser.
Demitant.
Déplaquer.

Derne.
Discompte.
Doreux.
Dorlores.
Dormant.
Doube.
Douet.
Douque douque.
Dragon.

Dri.
Drisse.
Drochi, drola.
Droule.
Druquin.
Ducasse.

E

Ecafillé.
Ecafoté.
Échucher (s')
Éclite.
Éconce.
Écour.
Écourcheu.
Écrêpe.
Écruauder.
Égard.

Ehou !
Emblave.
Emblaverie.
Embu.
Émilion.
Émontée.
Empifrer.
Endêver (faire).
Enfenouillé.
Engueuser.

Énon ?
Enroster.
Enturlu.
Envieillir (s')
Épaffe.
Épautrer.
Épuelles.
Escoffier.
Escousse·
Espister.

Étal.
Étaque.
Étenelles.
Étoquer (s').
Étrain.
Étranner.
Êtres.
Étrive.
Étrivette.

F

Fachaine.
Fada.
Falluiche.
Farfouiller.
Faux.
Fergu.
Ferloupes.
Fichau.
Filer.

Fin.
Finioler.
Fion.
Flahute.
Flamique.
Flau.
Flandrin.
Flépes.
Flohaine.

Foirer.
Forbou.
Forboutier.
Fouan.
Fouée.
Foufardes.
Fouffe.
Fouronner.
Fraiche.

Frasoir.
Frayeux.
Friant-battant.
Frisons.
Frusquin (St.).
Fuile.
Funquée.

G

Gadou.
Gadoux.
Gadru.
Gafe.
Gaiole.

Galoche.
Galuriau.
Ganthois.
Garchonale.
Gaspiau.

Gatelet.
Gaufre-coliche.
Gaugue.
Gavu.
Gaziau.

Ghins.
Gifile.
Gigeante.
Gigeine.
Gingeot.·

Glaine.
Gloriette.
Glout.
Godailler.
Godiche.
Godon.

Gourer.
Graissier.
Grament.
Greignard.
Greigner.
Griffer.

Gringues.
Grioler.
Grippette.
Groiselles.
Gros-Jean.
Guernoter.

Guertier.
Guet.
Guiler.
Guise.
Guive.
Gyrie.

H

Habile.
Halbran.
Hallot.
Hardi.

Harna.
Havot.
Hayon.
Hayure.

Hoche-pot.
Hole.
Honaine.
Houpette.

Hourdage.
Houseaux.
Housse.
Huis.

I

Imborgneux.
Incrinquer (s').

Induque.
Infant.

Inforchié.
Infilure.

Inguer.
Innochent.

J

Jacquart.
Jeuner.

Jo.
Jobre.

Jonne.
Joquer.

Jupon.
Jus.

K

Kraëne.

L

Laineron.
Lala (ch. de Mme.)
Langreux.
Larri.
Larnesse.

Lébouli.
Léburé.
Leurre.
Liache.
Lille.

Lincheu.
Liste.
Liston.
Loque.
Louchet.

Loste.
Lozarde.
Luiseau.
Lumerote.
Lusot.

M

Mabré.
Macaveule.

Machuré.
Madouiller.

Maflu.
Maguette.

Maie.
Maladie Jaquette.

Malva.
Mamulot.
Manoqueux.
Manuel.
Maqua.
Maraille.
Mardoché.
Margoulette.
Margoulin.
Mariage.
Mariolle.

Marniouffe.
Maronne.
Marron.
Masse.
Mastelle.
Mat.
Matou.
Mécoule
Méquaine.
Métier-Maître.
Mi.

Mie.
Mier.
Minck.
Minou.
Mitan.
Moise.
Monteuse de modes
Mon.
Mordreur.
Moreau.
Morgues.

Mouchon.
Mouffles.
Mourmoulette.
Mousse.
Moustafia.
Mouveter.
Mouviar.
Mucher.
Much'ten pot (en).

N

Nactieux.
Nageoires.
Nen.

Nicdouille.
Nieulle.
Nique-naque.

Nobiliau.
Noble–épine.
Nom jeté.

Noquet.
Nulwart.
Nunu.

O

Œuillarde.
Olieur.
Opéra .

Osoir.
Otieu.
Otieu.

Otil.
Outre (tout).
Ouvrer.

P

Pacoul.
Pacus.
Paf.
Pain crotté.
Pain-perboles.
Panchu.
Pandour.
Pantaliser (se).
Paour.
Paoure.
Papart.
Parchon.
Parjuré.
Patagons.
Patar.
Patiau.

Payelle.
Persielle.
Perteler.
Pertelier.
Petit-clerc.
Petits-plaids.
Peun.
Peunique.
Peuntierre.
Piche.
Pichon
Pichotière.
Pichou.
Pied-d'agache.
Piedescaux.
Piedsante.

Pile.
Pierrette.
Pinderlots.
Pinteux, buveur.
Pinteux, peintre.
Pique-pique.
Piche-pot.
Piteux.
Plat-fieu.
Platine.
Plenures.
Pleuve.
Pluquer.
Pocher.
Pocheuse.
Pochon.

Pompête.
Pontificat.
Porette.
Portelette.
Postures.
Poufrin,
Poumonic.
Pourette.
Pourlequer (se)
Prestement.
Preume.
Prousse.
Purger.
Puriau.
Purin.

Q

Quartcrier.
Qu'as-tu-là?
Quemeniau.
Quenecque.

Quennetousse.
Quer.
Querre.
Quertin.

Queuche.
Queuette.
Queure.
Queute.

Quinquina.
Quiou.

R

Rabrouer.
Rac (en).
Racaille.
Rachemer.
Raccroc.
Raccusète.
Rade , radement.
Ragentiller.
Ramentuvoir.
Rang d'ognons.
Randouiller.

Rappe.
Raquer,
Rechener.
Récurer.
Redoubleuse.
Regcrot.
Rémola.
Requinquer (se).
Retramer.
Réü.
Reveleux.

Reveler.
Rewidiage.
Rewidier.
Riedoulle.
Ric à ric.
Rinchinchin.
Rogin.
Rogneux.
Rognons.
Rondelle.
Roste.

Roudoudou.
Rousti.
Rouvelant.
Ruau , ruauter.
Ruer
Rufflette.
Ruque.
Ruse.

S

Saboule.
Saclet.
Sahuteau.
Saie.
Saint-Pierre (faire)
Saligot.
Sansonnet.

Saquer.
Sauret.
Satibleu.
Savaie.
Secous.
Seglou.
Séquoi.

Set.
Seyu.
Si fait.
Snu.
Solent.
Son.
Sorlet.

Soucard.
Soulas.
Soulot.
Stoffé.
Surgé.
Surgeon.

T

Tabac de baudet.
Tablette.
Talibut.
Talo.
Tannant.
Tat'me glaine.
Tatoule.

Tarin.
Tartine.
Tasser.
Taudion.
Taur.
Tayon.
Teiquer.

Telle.
Tempête.
Tempe et tard.
Ter.
Terluire.
Tertous.
Théro.

Tignasse.
Tilliace.
Timblet.
Tombac.
Tortener.
Toubaque.
Toudis.

Touillier.
Toupielle.
Tourlourelte.
Touloule.

Tranaine.
Tranner.
Triboulette.
Tribouler.

Trifouiller.
Trimballer.
Trimer.
Tripette.

Trondeler.
Trouspette.
Troyelle.

V

Vaclette.
Valeter.
Veant.
Verdi.

Verdurière.
Vereux.
Vervessou.
Vettier.

Vêpre.
Vieux-hommes.
Vigin.
Vinaigrette.

Vingneron.
Vingt-Hommes.
Voie (être en).

W

Wainier.

Warras.

Widier.

Z

Zègre.

Zézé.

DU MÊME AUTEUR :

Études sur la législation militaire; vol. in-8.° 1835.

Conférences sur le droit rural; broch. in-8.° 1848.

Législation des portions ménagères, ou parts de marais dans le nord de la France; vol. in-8.° 1850.

Le Bourgeois de Lille; vol. in-18. 1851.

Question de compétence à propos de l'aptitude personnelle à la jouissance de certains biens communaux, affouages, marais; broch. in-8.° 1851.

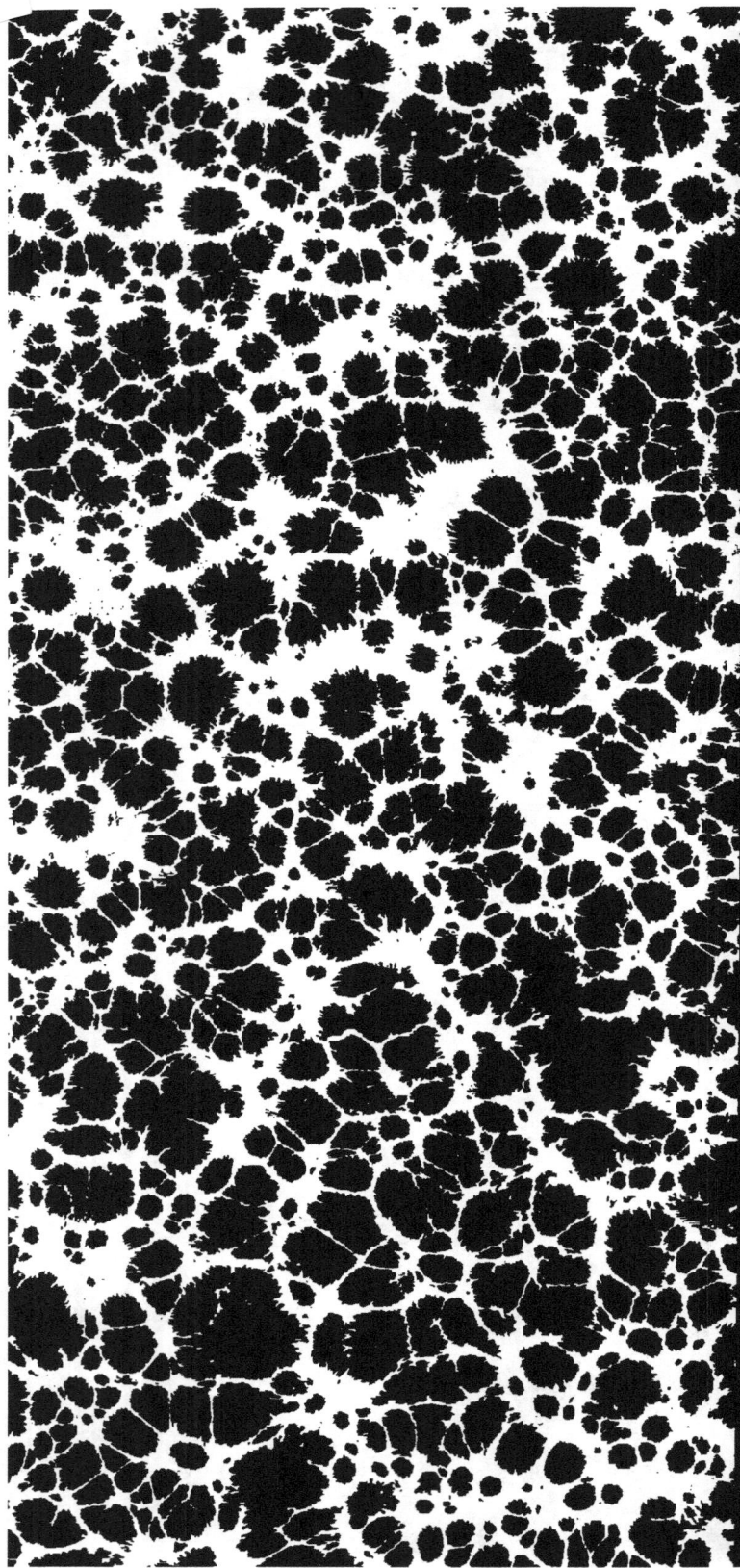